AF186680

ALS ICH BEGANN
MICH SELBST ZU LIEBEN
HABE ICH ERSTANDEN
DASS ICH IN JEDER LEBENSLAGE
ZUR RICHTIGEN ZEIT
AM RICHTIGEN ORT BIN
UND ALLES GESCHIEHT
IM ABSOLUT RICHTIGEN MOMENT
ALSO KONNTE ICH RUHIG SEIN

HEUTE NENNE ICH ES
SELBSTVERTRAUEN

(CHARLIE CHAPLIN)

2. Auflage

Umschlaggestaltung, Illustrationen: Karin Spichtig
Lektorat, Korrektorat: Fabienne Zeugin, Karin Spichtig

Herstellung und Verlag: BoD - Books on Demand, Norderstedt

ISBN Taschenbuch: 978-3-7494-6703-7
ISBN e-Book: 978-3-7494-4506-6

Bibliografische Information der Deutschen Nationalbibliothek: Die Deutsche Nationalbibliothek verzeichnet diese Publikation in der Deutschen Nationalbibliografie; detaillierte bibliografische Daten sind im Internet über http://dnb.d-nb.de abrufbar.

DIESES BUCH WIDMEN WIR ALLEN
EINMALIGEN, SELBSTBEWUSSTEN UND
TOLLEN MENSCHEN DIESER WELT
– SOMIT AUCH DIR

INHALTSVERZEICHNIS

Wir wünschen dir und deinen Kindern viel Spass auf dem Weg in ein gesundes Selbstvertrauen und Selbstbewusstsein.

Herzlichst, deine Fabienne und Karin

VORWORT

In der heutigen Zeit, in der so vieles möglich ist; in der fast alles zu haben ist, fehlt es den Menschen oft an einem wesentlichen Punkt: Dem Selbstvertrauen.

Uns, Fabienne und Karin, hat sich die Welt der Kinder, der Familie und des Eltern-Seins durch unsere (zusammen) acht Kinder eröffnet. Wir haben gemerkt, dass der Grundstein an einem Mangel an Selbstvertrauen bereits in der Kindheit gelegt wird und wie schnell das Selbstvertrauen eines Kindes zerstört werden kann.
Wir wünschen unseren Kindern ein starkes, gesundes Selbstvertrauen: Damit sie ihr Leben mutig, tatkräftig und vor allem glücklich meistern können.

Ein gesundes Selbstvertrauen setzt ein gesundes Selbstbewusstsein voraus.
Selbstbewusste Kinder wachsen bei selbstbewussten Eltern auf, deshalb ist dieses Buch in erster Linie für die Eltern geschrieben. In zweiter Instanz kommt es für die Kinder zum Tragen: Es braucht zuerst starke und selbstbewusste Eltern.
Eltern, die sich selber vertrauen und die sich selber lieben. Die Kinder übernehmen das von den Eltern.

In diesem Buch findest du Hilfe, um auch deine Kinder zu selbstbewussten Erwachsenen heranwachsen zu lassen.

ÜBER DIE AUTORINNEN

Fabienne Zeugin-Durrer, geb. 1971 in Luzern, war schon als Kind fasziniert von den unterschiedlichen Menschen, ihren Geschichten und den einzigartigen Kontakten.
Die Basis ihrer beruflichen Laufbahn ist die Handelsschule. Sie ist dipl. Psychologischer Coach und zertifizierte Feng Shui Beraterin. Die Hotellerie und Reisebranche führte sie in verschiedene Länder, die sie bereiste, dort wohnte und arbeitete. Wieder in der Schweiz kamen weitere Ausbildungen hinzu: Marketingplanerin, eidg. dipl. Verkaufsleiterin, dipl. Komplementärtherapeutin TCM mit Branchenzertifikat Oda KT und diverse Weiterbildungen in Psychologie, Kommunikation, Coaching, Astrologie, Systemisches Stellen uvm. Sie ist als Coach / Lebensberaterin / Hypnose- und Akupressurtherapeutin selbstständig tätig.
Als nächstes kommt der „eidg. dipl. Komplementär Therapeut mit Fachrichtung TCM Akupressur".

Karin Spichtig, geb. 1977 in Schaffhausen, ist an allen Formen von sozialem Geschehen dieser Welt interessiert.
Die Basis ihrer beruflichen Laufbahn bilden ein handwerklicher Beruf mit administrativer Weiterbildung. Sie hat Bachelor Abschlüsse in Primary Education sowie Vermittlung von Kunst und Design, CAS Integratives Lehren und Lernen, ist Fachberaterin ganzheitliche Gesundheit und NGH zertifizierte Hypnosetherapeutin.
Das unendlich grosse Interesse an den unterschiedlichsten Ländern, Sprachen und Kulturen treiben auch sie immer wieder in die weite Welt hinaus. Sie arbeitet als IF Lehrperson (Integrative Förderung) an einer Schule und ist nebenbei selbstständig tätig mit „karinspichtig.ch - kreativer Familienalltag", das alles vereint: Mentalcoaching, Kreativität, Fotografie, Ernährung, Pädagogik.

v.l.n.r.: Karin Spichtig, Fabienne Zeugin

DANKE

Wir danken unseren Kindern, die uns täglich bereichern und uns zeigen wo wir selber anstehen. Wir danken unseren Familien, die viel Geduld aufbringen, die uns und unsere Projekte unterstützen. Wir danken allen die in irgendeiner Form dieses Buch entstehen lassen haben. Wir danken uns: Ohne die tolle, gemeinsame und ergänzende Zusammenarbeit wäre das Buch nicht entstanden.

MÄNNLICHE & WEIBLICHE FORM

Wir haben uns grossmehrheitlich auf die weibliche Form beschränkt, da die Leserschaft unseres Buches tendenziell weiblich sein wird. Doch du, lieber Mann, bist selbstverständlich herzlich dazu eingeladen, dieses Buch zu lesen. Oder schenk es gerne deiner Freundin, Frau oder einer wunderbaren Mama.
Die Beispiele umfassen oft Haustätigkeiten, die beide Geschlechter zu erledigen haben. Die Zeiten der reinen Hausfrau sind schon lange vorbei, es lebe der Hausmann oder die gemeinsame Haushaltsführung.

Bei den Kindern haben wir so oft wie möglich bewusst auf das Wort „es" verzichtet und hier meistens die männliche Form genommen.

Die Form der Wörter spielt nur eine Rolle, wenn man ihr Gewicht gibt. Für uns ist es egal ob männlich oder weiblich, die Hauptsache der Inhalt hilft den Menschen weiter. In diesem Sinne wünschen wir euch Männern, Frauen, Teenies, Mütter und Väter, Grossväter und Grossmütter, Tanten, Onkel, Cousins und Cousinen und einfach allen viel Lesespass!

VON ALLEN URTEILEN
ZU DENEN WIR IM LEBEN KOMMEN
IST KEINES SO WICHTIG, WIE DAS
DAS WIR ÜBER UNS SELBST FÄLLEN

(QUELLE UNBEKANNT)

Was ist selbstvertrauen?

NIEMAND WEIß, WAS ER KANN
WENN ER ES NICHT VERSUCHT

(PUBLILIUS SYRUS)

WAS IST SELBSTVERTRAUEN

Selbstvertrauen und Selbstbewusstsein, das sind mentale Stärken. Sich seiner selbst bewusst sein. Sich selber vertrauen. Das Selbstwertgefühl ist ein innerer Schutzschild. Es ist untrennbar verbunden mit dem Glauben an die eigenen Möglichkeiten und dem Wissen seiner Fähigkeiten. Man kennt sich selber und nimmt sich so an wie man ist. Denn so wie man ist, ist es gut. Ist es genau richtig.

Jemand der selbstbewusst ist, muss den Dingen nicht nachrennen, muss sich nicht stetig verbessern, mehr leisten, mehr lernen usw. Ein selbstbewusster Mensch hat eine grosse Liebe zu sich selber und er weiss was ihm gut tut und was nicht. Er sucht nicht nach dauernden Bestätigungen von aussen und verbiegt sich nicht, um ein Lob zu erhalten. Nein, er weiss genau, dass wenn er sich selber gern hat, er sich seiner und seiner Fähigkeiten bewusst ist, nichts schief gehen kann. Und wenn doch, macht man das Beste daraus, setzt seine Fähigkeiten und sein Wissen ein, um etwas zu ändern. Er kann mehr leisten, er kann mehr lernen aber er muss es nicht um von aussen Bestätigung zu erhalten. Die Bestätigung gibt er sich selber, denn er weiss schliesslich was er alles kann und wer er ist.

Ein gesundes Selbstwertgefühl ist die Überzeugung, dass du dich und deine Umwelt beeinflussen kannst. Du kannst Änderungen herbeiführen und etwas bewegen und ganz wichtig, man hört dir zu.

Es ist die Kraft & Energie die du brauchst, um Schwierigkeiten und Herausforderungen bewältigen zu können.

Es ist das Fundament um das Leben in Glück und Freude und Erfolg zu leben.

DER MENSCH KANN UNENDLICH VIEL
WENN ER
DIE FAULHEIT ABGESCHÜTTELT HAT
UND SICH VERTRAUT
DASS IHM GELINGEN MUSS
WAS ER ERNSTLICH WILL

(ERNST MORITZ ARNDT)

WANN & WIE ENTSTEHT SELBSTVERTRAUEN

Das Selbstwertgefühl ist teilweise genetisch geprägt. Stärker jedoch wird es von der Umwelt und der kindlichen Prägung geformt.
Den Eltern kommt also eine äusserst wichtige Rolle beim Aufbau und der Entwicklung eines gesunden Selbstwertgefühls zu.

Kinder lernen von ihrer Umwelt, sie saugen schon sehr früh auf, was um sie herum passiert und wie die Menschen reagieren. Kinder lernen durch Nachahmung von dem, was sie sehen, hören und fühlen.
Deshalb sind Bezugspersonen sehr wertvoll. Bis zum Alter von etwa 3 Jahren sammelt das Kind seine Erfahrungen und Erlebnisse in der Familie. Durch die Eltern, Geschwister und die Familie oder sonstige, enge Bezugspersonen. Später kommen dann die Lehrer, Freunde und die Menschen im Quartier, Verein, Umfeld dazu. So weitet sich das Feld und die Kinder haben immer mehr „Muster" zur Verfügung um zu lernen.

Die Bezugspersonen selber haben mehr oder weniger Selbstvertrauen, Selbstwert. Die Kinder übernehmen v.a. von den Eltern den Umgang mit dem eigenen Selbstvertrauen. Sie können nur ein starkes, gesundes Selbstvertrauen entwickeln, wenn die Eltern ebenfalls ein starkes und gesundes Selbstvertrauen haben. Unterstützend kommen nach und nach auch die Selbstvertrauen der anderen Bezugspersonen dazu und können die Kinder im Aufbau ihres Selbstwertes unterstützen oder auch verletzen.

Leider wachsen die Kinder vermehrt mit übermässigem Leistungsdruck auf. Bewertet werden ihre Fehler und nicht das, was sie gut machen und gut können. Dies ist für den Aufbau eines starken Eigenwertes und Selbstvertrauens nicht förderlich. Übermässiges und realitätsfremdes Lob kann hingegen auch zu einem Stolperstein werden.

Es ist wichtig, dass Kinder ihre eigenen Erfahrungen machen können. Sie brauchen einen gesunden Freiraum und das Vertrauen, dass sie nicht allein sind. So können Kinder wachsen und aufwachsen. Die bedingungslose Liebe der Eltern, Familie oder Bezugspersonen ist ungemein wichtig. Zeigen sie dem Kind, dass es geliebt wird, dass es so geliebt wird, wie es ist. Handlung und Kind dürfen nicht vermischt werden: Wenn ein Kind etwas tut, das von den Bezugspersonen als negativ gewertet wird, ist nicht das Kind schlecht, sondern nur seine Handlung. Für das Kind ist dies schwierig zu unterscheiden, deshalb müssen die Eltern klar kommunizieren, dass das Kind in Ordnung ist, wie es ist und nur seine Handlung nicht akzeptiert werden kann.

Damit ein Kind ein starkes Selbstbewusstsein entwickeln kann, braucht es Wiederholungen von Lob, Wiederholungen, wie lieb und toll es ist.
Es heisst: Wenn etwas gelernt oder verinnerlicht wer-

den soll, muss man es mindestens 7x hören oder bearbeiten.

Lob bekommen kann man nie genug, weder als Kind noch als Erwachsener. Deshalb sei grosszügig und lobe dein Kind oft.
Lob, dass es geliebt wird, so wie es ist und nicht Lob über seine Taten. Selbstverständlich können auch die schönen Zeichnungen oder auch die bestandenen Prüfungen gelobt werden, doch diese Anerkennung ist die Anerkennung von Leistung. Zuviel davon kann zu einem Leistungsdruck führen und zum Verständnis dass Lob und Anerkennung nur durch Leistung erworben werden können. „Gut gemacht" oder „sehr gut" beziehen sich auf Taten aber „schön, wie kreativ du bist" oder „ich sehe was du machst", „deine Fröhlichkeit gefällt mir heute besonders gut" beziehen sich auf das Kind und nicht auf seine Leistungen.

Es ist an der Zeit, vom Unterschied zwischen Lob und Ermutigung zu sprechen.

LOB MACHT ABHÄNGIG, ERMUTIGUNG STARK

«Ermutigung veranlasst ein Kind, mehr oder Besseres von sich zu erwarten», erklärte auch schon Rudolf Dreikurs (1897-1972), österreichisch-amerikanischer Psychiater, Psychologe, Pädagoge. Ermutigung erkennt nicht den Erfolg an, sondern schätzt die Bemühung an sich.

«Du hast dich sehr gut vorbereitet, deshalb hast du ein

gutes Ergebnis erzielt.» Dieser Satz beinhaltet keine Bewertung nach persönlichen Massstäben, sondern ist objektiv nachvollziehbar. In diesem Fall kann das Kind erkennen, wie es zum Erfolg gekommen ist. Ein wichtiger Anhaltspunkt, um sich in Zukunft selbst zu ermutigen. «Ich habe mich gut vorbereitet, also werde ich die Aufgaben schaffen.» Ermutigung stärkt also die Selbstständigkeit.

Wer versucht, sein Kind zu ermutigen, zeigt ihm: «Du gehörst zu uns, so wie du bist. Du darfst Fehler machen.» Ermutigung erwartet keine Perfektion. Das Kind lernt, sich so anzunehmen wie, es ist. Insofern macht Ermutigung das Kind frei, seinen eigenen Weg zu gehen und Erfolge selbst zu beurteilen. So wurde Rudolf Dreikurs nie müde, die Menschen zum «Mut zur Unvollkommenheit» aufzufordern.

BEISPIELE FÜR ERMUTIGENDE SÄTZE

- «Lass uns zusammen überlegen, wie du es schaffen kannst.»
- «Du hast dich gut vorbereitet. Damit hast du alles getan, was du für ein gutes Ergebnis tun kannst.»
- «Es freut mich, dass du über dein Werk glücklich bist.»
- «Oh, du bist enttäuscht von deinem Ergebnis? Jetzt weisst du, dass du anders vorgehen musst. Du kannst es beim nächsten Mal ausprobieren. Wenn du Hilfe möchtest, sag Bescheid!»
- «Deine Hilfe war eine Entlastung für mich. Darüber habe ich mich sehr gefreut.»

- «Das sieht viel besser aus als vor einigen Tagen!»
- «Ja, da hast du dich verhaspelt, aber der grundsätzliche Ansatz ist richtig und das ist das Wichtigste.»
- «Du wirst eine Lösung finden, weil dir das in ähnlichen Fällen auch gelungen ist.»

Gib deinem Kind Anerkennung, einfach nur dafür, dass es da ist und dein Leben bereichert. Zeig deinem Kind, dass es etwas Besonderes ist, denn das ist es. Was kannst du tun, um deinem Kind noch mehr Selbstwert zu geben? Du kannst ihm aktiv zuhören, es ernst nehmen und Zeit mit ihm verbringen. Es braucht nicht viel, aber die Qualität der gemeinsamen Zeit, die ist wichtig. Vielleicht bist du berufstätig, hast mehrere Kinder, machst eine Aus- / Weiterbildung oder hast sonst viel zu tun. Da bleibt keine Zeit, denken wir. Aber es ist nicht so schlimm, wie wir meinen. Oft sind Eltern, die viel Zeit für ihre Kinder haben, mit Zeitung, Fernsehen, oder sonstigem beschäftigt. Alles in allem haben sie auch wenig „aktive Zeit" für und mit den Kindern. Es reicht, dass du in der Zeit, in der du mit dem Kind zusammen bist, aktiv bei deinem Kind bist. Da wird nicht nebenbei noch ein Brief gelesen oder etwas anderes getan. Du hörst deinem Kind zu, spielst, sprichst mit ihm oder liest ihm ganz einfach etwas vor. Ideal ist auch ein Abendritual (Fussmassagen, Streicheleinheiten...) bei dem du dir ganz bewusst Zeit für dein Kind nimmst. Bei mehreren Kindern wird das wieder etwas schwierig, doch es gibt immer wieder Zeiten im Alltag, unter der Woche, wo man sich gezielt mit nur einem Kind beschäftigen kann.

DU KANNST DAS KIND UNTERSTÜTZEN INDEM DU

- Erfahrungen unter liebevoller Anleitung ermöglichst
- Es selbst seine Ideen umsetzen darf (auch wenn wir „bessere" hätten)
- Genügend Freiraum gewähren und loslassen
- Lob & Anerkennung schenken, weil es ist, wie es ist
- Bedingungslosen Rückhalt bietest, eine verlässliche Stütze bist
- Ihm zu spüren gibst, dass es wertvoll und geliebt ist - WEIL ES IST, WIE ES IST
- Wiederhole, wie lieb, toll und einzigartig es ist

Das Kind setzt seine Ideen selber um. Geht dabei etwas schief, sagst du dem Kind bitte nie, dass du dies hast kommen sehen. Auch kein: „Siehst du, was du angestellt hast?" - „Kannst du nicht aufpassen?" usw.

Dies nimmt dem Kind die Möglichkeit, sich und seine Ideen selber zu probieren. Lobe es, dass es versucht hat, etwas selbst zu versuchen. Höre dir seinen Frust und Ärger an, weil es nicht geklappt hat. Nimm es auch in seinen negativen Gefühlen ernst. Nimm es einfach in die Arme, sei einfach da.

Das Kind kann dann auch etwas, das schief gegangen ist, selber wieder in Ordnung bringen: Vielleicht mit etwas Unterstützung und Anleitung, doch das kann es selber.

Das Kind lernt: Ausprobieren ist gut. Wenn etwas nicht klappt, ist es nicht so schlimm. Ich bin fähig, selber aufzuräumen. Es erhält die Ermutigung für einen neuen Versuch.

Gib deinem Kind das Gefühl, dass es genauso wertvoll ist wie alle anderen. Der Satz „Ist doch nicht schlimm", der mag für dich stimmen, für dein Kind jedoch ist es gerade sehr schlimm. Nimm seine Gefühle ernst und zeig ihm, dass es alle Gefühle haben darf; auch Wut und Trauer. Sag ihm, dass du genau gleich empfinden würdest, wenn dieses Missgeschick dir passiert wäre.

Kinder sagen oft: „Das kann ich nicht."

Es kann aber auch sein, dass sie „zu faul" sind, etwas fertig zu machen. Es würde schneller gehen, wenn Mama hilft. Unterstütze sie, indem du ihnen rätst, es selbst zu versuchen. Signalisiere damit, dass du ihnen vertraust und dass du weiss, dass sie es können.

Aber sage auch: „Probiere erst selber und falls du wirkliche Hilfe brauchst, bin ich da für dich."

Vergiss nicht, deine Kinder sind zur Hälfte Mama und zur Hälfte Papa. Auch wir sind einzigartig und liebenswert und so auch unsere Kinder.

Kinder lernen durch Nachahmung und sind zudem auch sehr am Leben der Eltern interessiert. Erzähle ihnen nicht nur wo du überall brillierst; Erzähle auch von deinen Gefühlen, deinen Schwächen und zeige ihnen, dass alle Facetten normal und in Ordnung sind.

ZIELE DER FRÜHEN KINDHEIT

Die frühe Kindheit ist eine Zeit des Beobachtens, des Kennenlernens der Umwelt und sich selbst. In dieser Zeit passiert sehr viel mit & um das Kind. Es lernt täglich viel Neues und macht grosse Fortschritte in Allem.

- Entdeckt Stärken bei sich selber und anderen
- Entwickelt Fantasie und Kreativität
- Lernt, den eigenen Fähigkeiten zu vertrauen
- Entwickelt seine Wahrnehmungsfähigkeit
- Verbessert die Artikulations- und Kommunikationsfähigkeit
- Lernt, die eigene Meinung vertreten zu können
- Lernt, sich dem Gruppendruck zu widersetzen, „nein" zu sagen
- Schult seine Körperwahrnehmung / Kontaktaufnahme
- Entwickelt die Grob- und Feinmotorik
- Schult und verfeinert die Raumorientierung
- Baut Schnelligkeit und Geschicklichkeit auf
- Entwickelt Geborgenheits- / Zugehörigkeitsgefühle in der Gruppe (Familie / KiGa / Klasse)
- Stimuliert den Gleichgewichtssinn
- Lernt, Gefahren / Hindernisse zu erkennen und zu überwinden
- Stellt sich neuen Anforderungen / Aufgaben selbstbewusst
- Lernt, das Leben unbeschwert geniessen zu können
- Baut Vertrauen in sich und seine Umwelt auf
- Lernt den Umgang mit Gefühlen kennen

KINDER UND ÄNGSTE

Ängste bei Kindern sind normal, denn vieles ist noch unklar oder unbekannt. Alles was unbekannt ist, löst auch bei Erwachsenen gemischte (ängstliche) Gefühle aus. Mit den Jahren weiss man, was alles passieren kann oder auch nicht, man hat bereits viele Erfahrungen, die einem die Angst vor Neuem nehmen können. Kindern fehlt diese Erfahrung und Neues muss erst frisch eingeordnet werden und kann somit grosse Angst hervorrufen. Wenn dein Kind Angst hat, nimm diese Angst ernst. Nimm dein Kind ernst. Es weiss noch nicht, wie mit gewissen Situationen umgehen. Es hat dies noch nicht erfahren bzw. kennengelernt. Du kannst deinem Kind helfen seine Ängste anzunehmen und sie selber zu bewältigen. Sage ihm, dass auch du diese Angst kennst und erzähle ihm eine Begebenheit aus deinem Leben in der du mit dieser Angst konfrontiert warst. Erzähle, wie du dich gefühlt hast, was du damals gemacht hast und wie es herausgekommen ist. Es muss auch nicht immer alles mit einem „Happy End" ausgehen, das ist nicht realistisch und gaukelt dem Kind eine Scheinwelt vor. Zeig deinem Kind, wie es seiner Angst begegnen kann. Es wird viel Stärke und Mut daraus ziehen, wenn es das ganz alleine schafft.

Achtung: Als Eltern kann man die Angst bei Kindern auch unbewusst fördern und kultivieren. Kein Elternteil wünscht seinem Kind etwas Schlimmes und eigentlich wollen wir sie vor allem Bösen und Unangenehmen beschützen. Leider funktioniert das nicht. Dem Kind bringt es nichts, wenn es überbehütet wird.

Die Erfahrungen und Erlebnisse, die ein Kind mit seinen Eltern (bis zum Alter von etwa drei Jahren) macht, können das Kind ängstlich oder mutig werden lassen.

WAS DU TUN KANNST FÜR EIN MUTIGES KIND

- Versuche, dein Kind nicht überzubehüten
- Konstruiere in deiner Familie keine autoritäre Hierarchien, welchen du dein Kind unterstellst (Führung ja)
- Nehme die Fähigkeiten deines Kindes wahr und erkenne sie an
- Ermögliche ihm Kontakte, gerade auch ausserhalb der Familie
- Gestehe ihm Freiräume für Eigeninitiative gemäss seinem individuellen Entwicklungsstand zu
- Biete deinem Kind soziale Erfahrungen in der Gruppe (hier v.a. die Familie) an
- Pflege einen respektvollen Umgang mit deinem Kind. Weder verspotten noch blossstellen tut dem Selbstwert deines Kindes gut

Ab Kindergarten verlassen die Kinder den behüteten Rahmen der Familie. Sie müssen ihren Platz in der Gruppe finden, entwickeln ein WIR-Gefühl, verbinden sich mit der Gruppe, lernen Regeln einzuhalten, zu teilen, Konflikte zu lösen, füreinander da zu sein, soziales Miteinander.

Ab Schulzeit lernt das Kind in der Familie, auf dem Spielplatz und in der Schule.

DIE BERÜHMTEN „PASS AUF!" - SÄTZE SIND ZU VERMEIDEN

Wenn du einem kletternden Kind sagst es soll aufpassen damit es nicht runterfällt, legst du den Fokus auf das Runterfallen und dann kann genau das passieren. Und wenn es ohne „pass auf" runterfällt, wird es beim nächsten Mal sicher von allein aufpassen.

Du kennst dein Kind am Besten und weisst, was es kann, sowie was du ihm zutrauen kannst. Das Kind soll ein ihm angemessenes Lern-Umfeld haben.

LOB UND BELOHNUNG

Jeder Mensch hört gerne Lobesworte. Bei Kindern ist es jedoch wichtig, nicht die Taten zu loben, sondern das Kind an sich. Das kommt an dieser Stelle bereits zum zweiten Mal in diesem Buch vor, weil es so wichtig ist. Handlungslob macht abhängig und schwächt das Selbstbewusstsein. Man fängt an, im Aussen immer neues Lob einzuholen, indem man so handelt, wie andere es für angebracht halten. Wie soll sich das Kind so selbstständig entwickeln können?

Das Thema Belohnung ist kontraproduktiv. Wer Kinder belohnt, wenn sie etwas „gut", „richtig" oder „im Sinne der Eltern" gemacht haben, setzt damit falsche Massstäbe für die Zukunft. Das Ankündigen von Belohnungen hat keinen Platz in der Kindererziehung, denn es ist eine versteckte Erpressung. Es hilft dem Kind nicht. Es verfällt dadurch in die Gefallens- Belohnungssucht.

Die Motivation verändert sich. Das Kind macht etwas nicht mehr, weil es das will, sondern weil es gefallen und gelobt werden möchte.

Wir wollen damit nicht sagen, dass Kinder nicht mehr gelobt oder belohnt werden dürfen. Doch bitte: Belohne und lobe sinnvoll.
Ein Kind will von Natur aus ausprobieren, Dinge unternehmen, erkunden und diese natürliche Neugierde wird mit Belohnungen eingeschränkt. Das Kind will natürlich Belohnungen und Lob erhalten und so

fokussiert es sich auf die Handlungen, die Lob und Belohnungen generieren. Es schränkt sich selber ein und ist nicht mehr so offen für die Entdeckungsreisen des Lebens. Und dann kann es passieren, dass wenn die Belohnung oder das Lob ausbleibt, dass das Kind vollends die Freude an der Sache verliert, denn es hat nicht den gewünschten Effekt (Lob/Belohnung) gebracht. So werden dem Kind die Möglichkeiten, das Leben mit allen Facetten kennenzulernen, verbaut. Aber auch hier gilt, jeder Mensch ist anders und so werden die einen Kinder mehr beeinflusst als andere.

Ein Beispiel dazu können Leseförderungsprogramme sein. Wo das Kind, wenn es ein Buch gelesen hat, Fragen zum Buch beantwortet und dadurch Punkte generiert. Die Lehrperson kann eine Auswertung machen, wer wie viele Punkte, wie viele Bücher gelesen und wie viel Prozent der Fragen richtig beantwortet hat. Das Kind erhält dann, je nach dem wie es gearbeitet hat, Lobesworte oder auch nicht. Es kann auch ein Diplom ausgedruckt werden. Solche Webseiten / Programme wurde erfunden, um die Kinder zum Lesen zu animieren.

Was meinst du: Wird ein Kind, das sowieso gerne liest, diese Webseite / Programme benutzen? Klar, denn für ihn / sie ist es kein grosser Aufwand. Wenn das Kind nun immer an der Spitze ist und dadurch viel Lob erhält, aber auf einmal von einem anderen Kind überholt wird und kein Lob mehr erhält, was wird passieren? Entweder es strengt sich noch mehr an oder es hört auf zu lesen, weil es die Motivation verloren hat. Ein

Kind, das sowieso nicht gerne liest, wird die Webseite / Programme nur nutzen, wenn es dazu genötigt oder motiviert wird. Sein Leseverhalten wird sich nicht bessern und es wird auch kein Vergnügen am Lesen finden, da es ja immer mit den Starken der Klasse verglichen wird. Es hat von Anfang an keine Chance.

Es kann also passieren, dass beide Kinder die Lust am Lesen verlieren.

Das Punkte-Belohnungssystem hat demnach am Ziel vorbeigezielt.

Kinder wollen geliebt werden so wie sie sind und nicht so, wie wir sie haben wollen. Das ist ihr Recht!

DER VERSUCH
VON JEDEM GEMOCHT ZU WERDEN
IST EIN ZEICHEN FÜR MITTELMÄßIGKEIT

(COLIN POWELL)

Gefährliches Selbstwertkonzept

GEFÄHRLICHES SELBSTWERTKONZEPT

Mit gefährlichem Selbstwertkonzept meinen wir, dass sich jemand über Besitztümer oder den Beruf definiert. Hier kommen Marken, Statussymbole und Geld zum Zug. Oder das Konzept beruht auf dem Beruf ev. auf der Ausbildung. Je mehr wir unseren Beruf zur Selbstverwirklichung nutzen, desto mehr avanciert er auch zum Gradmesser der Selbstbestätigung.

DEIN WERT LIEGT DARIN WER DU BIST
NICHT WAS DU ALLES HAST

(THOMAS EDISON)

BEWUNDERUNG DURCH ÄUSSERLICHKEITEN

Dieses irreführende Konzept fängt in der Kindheit an. Oft schenken Bezugspersonen Äusserlichkeiten zu viel Aufmerksamkeit. Bei Männern hat oft das Auto einen extremen Stellenwert. Wenn Papa dauernd von grossen und teuren Autos schwärmt und mit Bewunderung über das Auto des Nachbarn spricht, bekommt das Kind es mit. Papa kann auch selber einen tollen Wagen fahren, da spricht nichts dagegen. Doch das Auto sollte als normalen Gebrauchsgegenstand betrachtet werden und nicht als Superobjekt oder als extrem wichtiger Faktor im Leben.

Eltern sollen und dürfen sich etwas gönnen: Schöne, Dinge haben (grosse wie kleine) und sich daran erfreuen. Aber nicht, um etwas anderes zu kompensieren.
Gerne dürfen die Kinder Freude an schönen und auch teuren Dingen erfahren, doch sie sollen auch mitbekommen, dass Kleinigkeiten genauso viel Freude machen.
Dass es nicht wichtig ist, wie teuer etwas ist, sondern ob es von Herzen kommt. So können Eltern und Kinder sich vor der grossen Marken-Manie schützen.

Wenn nur die Hälfte der Leute mit den verschiedenen Marken-Hipes nicht mitmachen würden, wäre das Leben als Eltern mit schulpflichtigen Kindern viel einfacher. Denn dann hätten die Marken weniger Macht und so würden die Freunde der Kinder auch weniger Macht ausüben können. Hänseleien würden weniger werden.
Aber leider ist es so, dass sich heute die meisten Menschen über Marken etc. definieren. Unter Umständen kann dies sehr teuer werden bzw. sogar zu Verschuldung führen. Vieles wird dann auf Raten gekauft obwohl man es sich eigentlich gar nicht leisten kann. So beginnt ein Teufelskreis. Die Ursache hierfür ist mangelndes Selbstbewusstsein das mit Äusserlichkeiten kompensiert wird.

PROJEKTION AUF DIE KINDER

Eine weitere Variante ist, dass man sich über die Kinder definiert. Wenn man seine eigenen Wunschträume auf das Kind projiziert und Erwartungen z.B. in Bezug auf Ausbildung, Beruf und Werdegang auf das Kind richtet, wird das Kind stark unter Druck gesetzt und kann so kaum seinen eigenen Weg zum glücklich werden finden. Die Wünsche der Eltern werden vom Kind auch dann wahrgenommen, wenn diese nicht ausgesprochen werden. Kinder sind sehr feinfühlig und haben ein grosses Gespühr für alles, was nicht ausgesprochen wird. Das Problem hierbei ist, dass es Dinge merkt, die es (noch) nicht richtig einordnen kann. Ihm fehlen die Erfahrungen und auch die Details zum Nicht-Ausgesprochenen. Leider kann es dann passieren, dass es sich als Schuldigen sieht, wenn es z.B. zwischen Mama und Papa nicht klappt. Das, obwohl das Kind nichts damit zu tun hat.

Viele Eltern erwarten, dass ihr Kind das Gymnasium (oder höhere Schulen) besucht. Das Kind wird darauf trainiert, erhält Nachhilfeunterricht, wird geschult.
Wird das Kind dabei nicht gefragt, was es selber möchte, wird es für dieses später im Erwachsenen-Leben schwierig werden, eigene Entscheidungen treffen zu können. Wie soll so ein Kind, das alles macht, nur um zu gefallen, später glücklich werden, wenn es einen Werdegang wählt, der ihm nicht entspricht? Mit diesem Vorgehen der Eltern, die es eigentlich ja nur gut meinen, wird der Selbstwert und das Selbstvertrauen des Kindes untergraben.

Der Druck, der auf diese Weise auf die Kinder ausge-
übt wird, ist enorm und kommt zum ebenfalls stetig
steigenden Schulalltagsdruck hinzu.

Bereits gibt es die Tendenz, dass Kinder und Jugendli-
che vermehrt unter häufigen Kopfschmerzen, schlech-
tem Schlaf oder übermässiger Müdigkeit usw. leiden.
Wollen wir Eltern so eine Entwicklung?
Es wird von unseren Kindern generell immer mehr
verlangt. Sie sollen stets brillieren, gute oder noch
bessere Leistungen bringen und dazu noch brav und
folgsam sein. Im Alltag hat das Kind-sein oft nur noch
wenig Platz.

Was Erwachsene gern vergessen: Spielen heisst Lernen. Im Spiel lernt das Kind neben dem sozialen Umgang auch Ideen entwickeln, Ideen umsetzen, Ideen
planen. Niederlagen werden erfahren, die Neu-Begin-
ne - wieder und wieder, das Aktiv-sein, das Ruhig-wer-
den uvm.
Die so wichtige Zeit des Spielens wird immer weniger.
Die Schule, deren Inhalte und Konzepte, die Lehrplä-
ne werden alle paar Jahre wieder neu erfunden.
Jesper Juul, Dänischer Familientherapeut, sagt: „Die
Politiker setzen neue Schulmässstäbe, die den Kindern
kaum mehr Freiheit lassen. Aber genau diese Politiker
werden niergens sein, wenn es den Kindern durch den
Leistungsdruck schlecht geht und sie Hilfe brauchen."

Räume deinem Kind Zeit zum Kind-sein ein. Nimm ihm
Druck ab. Das würde dein(e) Kind(er) enorm entlasten.

ICH BIN MEIN BERUF

Viele Menschen definieren sich über ihren Beruf. Das muss nicht zwangsläufig ein Beruf sein, der hoch angesehen ist. Es geht hierbei mehr um den Leistungsgedanken, der bei den Leuten vorherrscht. Wenn ich Leistung erbringe, bin ich ein guter Mensch. Dann bekomme ich Anerkennung, dann bin ich etwas wert.

Das sind die Glaubenssätze, die diesem Muster zu Grunde liegen. Wenn so jemand seine Stelle verliert, glaubt er, er könne sich nicht mehr selbstverwirklichen. Sein Selbstvertrauen leidet massiv. Es geht Buchstäblich eine Welt unter. Die Endstation kann eine tiefe Sinnkrise oder sogar eine Depression sein. Diesem Konzept geht meistens eine Kindheit voraus, die auf Leistung aufgebaut wurde. Wenn ich mich anstrenge, lobt mich mein Papa. Wenn ich eine gute Note heimbringe, lobt mich meine Mama. Wenn ich artig bin, werde ich geschätzt bzw. wenn ich es nicht bin, werde ich bestraft.

Da ist sie wieder, die bereits beschriebenen Anerkennungen auf Leistung. Diese Anerkennung sehen die Kinder aber auch bei den Eltern. Der Chef ist zufrieden, man hat mehr Leistung erbracht, so kriegt man ein Lob oder einen Bonus. Schaut man, dass das Geschäft über Jahre rund läuft, ist es normal. Einmal ein Fehler kann das ganze Gebäude zum Wanken bringen, man wird angeprangert und der Fehler wird überbewertet.

Die Eltern sind zudem vielleicht in diversen Vereinen tätig, arbeiten für sie ohne Lohn und werden so anerkannt von der Gesellschaft. Sobald sie sich von der Vereinstätigkeit und „Überall-Hilfe" zurückziehen, werden sie nicht mehr gross beachtet. Dies darf jetzt nicht falsch verstanden werden. Es ist toll, wenn Menschen in Vereinen helfen. Die Frage ist aber immer: Aus welchem Motiv heraus? Wenn es nur um Anerkennung durch Leistung geht, ist es der falsche Ansatz. Menschen, die für die Allgemeinheit etwas tun, sind unerlässlich und sehr „wertvoll".

So auch bei den Kindern: Bereits im Kindergartenalter gibt es riesige Bewertungsbögen auf verschiedenen Ebenen, die die Kinder in Bezug auf Sozial-, Selbst- und Sachkompetenz bewerten. Es sind Kinder.

Wenn wir könnten, würden wir diese Bögen verbieten lassen. Jedes Kind entwickelt sich anders, jedes Kind ist anders, jedes Kind hat seine Stärken und Schwächen. Wer hat das Recht, dies so brutal zu bewerten? Jedenfalls tragen diese Bögen nicht zu einem gesunden Selbstwert bei. Von klein auf wird man bewertet und eingestuft und man ist nur richtig, wenn man mit der Masse bzw. mit den Vorgaben mitläuft.

Wo bleibt da die Kreativität, der Mut eine eigene Meinung zu entwickeln? Wie kann ein Kind sich selber annehmen so wie es ist, wenn es von aussen immer wieder aufgezeigt bekommt, dass es anders sein soll? Von Seiten der Schule heisst es, dass sich die Kinder durch diese Beurteilungsbögen besser selber einschätzen lernen. Wir sind uns nicht sicher, ob das wirklich zutrifft. Lernen sie sich selber kennen oder lernen sie sich besser ans System anzupassen?

Sehen wir uns die Gefahr des falschen Selbstwertkonzeptes an: Was kann man dagegen tun? Eine ganz einfache Änderung kann man bereits in der Wortwahl herbeiführen. Ausdrucksweisen, die in Zusammenhang mit Selbstwertkonzepten das Verb „sein" benutzen, sind völlig unangemessen und realitätsfremd. „Sein" suggeriert fälschlicherweise einen überdauernden Zustand, eine unveränderliche Wesenseigenheit.

Um besser zu verstehen, was wir damit meinen, lies auf der kommenden Seite weiter.

Selbstwertkonzepte können glücklicherweise umgelernt oder neugelernt werden.

FÜR MEHR BEWUSSTSEIN

Sage nicht mehr

- Ich bin schüchtern
- Ich bin korrekt
- Ich bin ängstlich
- Ich bin fordernd usw.

Sondern sage ab sofort

- Ich fühle mich momentan schüchtern
- Ich sehe es momentan so und so
- Ich verhalte mich so und so

Wie du es morgen siehst, hängt davon ab, aus welcher Perspektive du dann die Welt betrachtest.
Es hängt davon ab, welche Ziele du verfolgst, welchen Glaubensgrundsätzen, Normen, Moralvorstellungen du anhängst. Im Leben ändert sich viel und deshalb ist es gar nicht möglich immer auf dem gleichen Standpunkt zu bleiben. Wer keine Änderungen vornehmen kann oder will, dem werden Veränderungen, die er gar nicht will, automatisch widerfahren.

Was macht selbstbewusste Personen aus

WAS
SELBSTBEWUSSTE PERSONEN
AUSMACHT

ACHTE DICH SELBST, WENN DU WILLST
DASS ANDERE DICH ACHTEN SOLLEN

(ADOLPH FREIHERR KNIGGE)

WORAN ERKENNT MAN EINE
SELBSTBEWUSSTE PERSON?

- Sie strahlt Selbstvertrauen aus
- Sie hat ein selbstbewusstes Auftreten
- Die Körperhaltung signalisiert: „Ich glaube an mich und meine Fähigkeiten"
- Sie hat eine offene Haltung
- Ihr Blickkontakt ist direkt und klar
- Ihre Gesten sind ruhig
- Sie ist zentriert
- Sie spricht klar und deutlich
- Sie ist aufmerksam und kann zuhören
- Sie kann nein sagen

Die selbstbewusste Person weiss, was sie alles kann, sie muss sich gegen aussen nicht partout beweisen oder mit Leistung brillieren. Sie entscheidet.

Sie nimmt sich den Druck und lässt sich keinen auferlegen. V.a. hat sie auch keine Schuldgefühle, wenn sie etwas nicht tut. Sie weiss was ihr gut tut und kann „Nein" sagen.

Sie glaubt an die eigene Kompetenz. Sie ist sich ihrer Stärken und Fähigkeiten bewusst und sie weiss auch wo ihre Grenzen liegen. Sie erkennt ihre Schwächen und weiss, dass Fehler helfen, weiter zu kommen.

Die selbstbewusste Person glaubt an sich und an das Erreichen ihrer Ziele. Sie hat Vertrauen in sich, in ihre Talente und Fähigkeiten und hat einen starken Erfolgsglauben.

Sie kann für sich selbst eintreten, sie vertritt die eigenen Interessen und hat keine Angst offen ihre Meinung zu äussern. Sie weiss, dass sie nichts zu verlieren hat, denn sie hat sich und ihre Talente. Der Glauben an sich selber lässt sie alles meistern.

Eine selbstbewusste Person kann locker und offen auf andere Menschen zugehen, knüpft einfach und spielerisch Kontakte. Sie kann sich aber auch zurückziehen und muss nicht überall mitmachen. Vor allem nicht, weil sie gefallen will. Sie selbst entscheidet, wo es für sie langgeht. Auch wenn das jetzt sehr egoistisch tönt, hat es nichts mit Egoismus zu tun. Die selbstbewusste Person ist in der Gesellschaft integriert und akzeptiert auch die gesellschaftlichen Regeln. Sie lebt in und mit der Gesellschaft, ist aber trotzdem ein Individuum.

Wer selbstbewusst ist, hat eine hohe Selbstakzeptanz

(nimmt sich selber so an, wie man ist). Das Selbstbewusstsein nimmt zu, es kann weiterentwickelt werden, und es hilft besser mit Kritik umzugehen. Denn wer selbstbewusst ist, weiss welche Kritik berechtigt ist und welche nicht. Welche Kritik der Wahrheit entspricht und welche dem Kritiker gehört. Selbstbewusstsein hilft zur Ehrlichkeit zu sich selber, so hat man mehr Spass im Leben und ist zufriedener.

Wer Erfolg hat, zieht noch mehr Erfolg an. Wer Geld hat, zieht noch mehr Geld an. Dies sind Grundgesetze der Natur. Wer ein grosses Selbstvertrauen hat, ist erfolgreicher und kann so auch mehr Geld verdienen und so ergibt sich eine wunderbare Positivspirale.
Wie kann bei Kindern zusätzliches Selbstbewusstsein aufgebaut werden? Die Kinder brauchen das Gefühl, geliebt zu werden und dazu zu gehören. Wie die Erwachsenen übrigens auch. Denn dieses soziale Bedürfnis gehört zu den Grundbedürfnissen, wie zum Beispiel aufgezeigt in der Maslow'schen Bedürfnispyramide.

Hautnahe Zuneigung, das Angenommen sein und das Vertrauen in die eigenen Fähigkeiten, sowie die Unterstützung der Eltern stabilisieren die körperliche und seelische Gesundheit. Selbstvertrauen kann auch durch liebevolle Sinneserfahrungen vermittelt werden. Kinder wollen gehalten, liebkost werden; das gibt ihnen das Urvertrauen in sich und ihre Umgebung. Sie fühlen sich behütet und können sich entfalten.

Es ist heute erwiesen, dass Einsamkeit die grössten seelischen und auch körperlichen Probleme hervorruft. Wer an sich selber glaubt und ein gesundes Selbstvertrauen besitzt, ist im Normalfall nicht einsam.

NIEMAND KOMMT
MIT SELBSTVERTRAUEN AUF DIE WELT
JENE MENSCHEN
DIE SELBSTSICHERHEIT AUSSTRAHLEN
FREI VON FURCHT SIND
UND SICH ÜBERALL ZURECHTFINDEN
HABEN IHR SELBSTVERTRAUEN
NACH UND NACH ERWORBEN

(DAVID J. SCHWARTZ)

SELBSTZWEIFLER

DEN GRÖSSTEN FEHLER
DEN MAN IM LEBEN MACHEN KANN, IST
IMMER ANGST ZU HABEN
EINEN FEHLER ZU MACHEN

(DIETRICH BONHOEFFER)

Wer ein geringes Selbstwertgefühl hat, hat grosse innere Zweifel. Das Zweifeln an sich oder seinen Fähigkeiten kann zu grossen Blockaden führen. Selbstzweifler neigen dazu, keine Entscheidungen treffen zu können. Es wird alles 50 mal hinterfragt und auch dann ist man noch nicht sicher. Im Nachhinein kommt dann noch die Wertung: „Wäre es wohl besser gewesen, wenn ich anders entschieden hätte?" Dieses „Werten" giesst zusätzlich Öl in die Minderwertigkeit, sie wird mächtig. Das führt dann dazu, dass man gar nichts mehr entscheidet. Wer aber nicht entscheidet, über den wird entschieden. Das ist selten im Sinne des Selbstzweiflers und auch nicht zu seinen Gunsten.

Selbstzweifel ist wie eine innere Stimme, die den Menschen aber blockiert. Woher kann dieser Minderwertigkeitskomplex, diese Zweifel kommen? Gründe können zum Beispiel ein strenger Elternteil sein, der das eigene Kind erbarmungslos nieder macht für schlechte Leistung. Es kann aber auch sein, dass die Leistung nicht schlecht ist, aber den Erwartungen des Elternteils nicht entspricht. Es muss nicht unbedingt ein Elternteil sein, es kann auch ein Lehrer/in oder sonst eine Bezugsperson sein, die dem Kind nahe steht. Ein Kind, dass den Forderungen nicht gerecht wird und dies immer wieder zu hören bekommt, wird schlussendlich keine Erfolgserlebnisse haben. Wer nie Erfolg hat, wird sich mit der Zeit nicht mehr anstrengen, denn es kann tun und lassen was es will, es wird immer negativ bewertet. So entsteht eine Negativspirale, die es zu durchbrechen gilt, was je länger je schwieriger wird. Hinter dem mangelnden Selbstwert und den Zweifeln stehen die Angst, zu versagen und die Angst, abgelehnt zu werden. Das ist es, was das Kind höchstwahrscheinlich von früher her kennt.

Das Selbstbild ist enorm instabil und sehr anfällig für Manipulationen. Denn tief im Inneren versucht jeder seine Unsicherheit auszugleichen, zu gefallen und angenommen zu werden. Diese Personen sind abhängig von kontinuierlicher Rückversicherung, Bestätigung und Anerkennung von aussen.

Ein Selbstzweifler hat sich schadende Glaubenssätze aus der Kindheit stark verinnerlicht. Sie sind nichts wert, sie sind schuld und jegliche Leistung reicht einfach nicht aus. Sie strampeln sich ab und erhalten trotzdem keine Anerkennung, weil sie sich diese selber nicht zugestehen.

Da Ablehnung bereits erwartet wird, wird auch Ablehnung passieren / wird ganau das auch angezogen. Gedanken werden wahr.

Und der Selbstzweifler wird wieder einmal in seiner Minderwertigkeit bestätigt. Erwartet er z.B. ein Rückruf am gleichen Tag und dieser kommt nicht, wird nicht hinterfragt, weshalb der Rückruf nicht kam. Denn es ist klar, dass es nur seinetwegen sein kann. Würde man die Person befragen, die hätte anrufen sollen, kämen ganz andere Gründe zum Vorschein. Vielleicht musste sie kurzfristig weg oder musste erst noch etwas ab-klären oder hat die Telefonnummer verlegt. Egal: Die Gründe sind ganz anders. Der Minderwertige jedoch bezieht alles auf sich und gibt sich die Schuld. Da er im Alltag immer wieder die Bestätigung erhält, dass er nichts wert ist, steigert sich seine Wertlosigkeit ins Unermessliche. Es käme ihm nicht einmal in den Sinn etwas zu hinterfragen. Seine negativen Gedanken spielen mit ihm ohne dass er es sich bewusst ist.

MINDERWERTIGKEIT
IST KEIN GEFÜHL
KEINE WAHRNEHMUNG
SONDERN EINE EINSTELLUNG
ZU SICH SELBST

EINSTELLUNGEN LASSEN SICH ÄNDERN

DIE FOLGEN VON SELBSTZWEIFELN / MINDER-WERTIGKEITSGEDANKEN

- Du hast Mühe Komplimente anzunehmen
- Du machst dich für Schwächen und Fehler nieder und verantwortlich
- Es fällt dir schwer, glückliche Momente zu erkennen
- Du kannst die glücklichen Momente nicht geniessen, denkst, sie stehen dir nicht zu
- Du hast Schuldgefühle für alles und jeden
- Du fühlst dich unwohl, im Mittelpunkt zu stehen
- Du erwartest ständig Ablehnung: So ist es dann auch
- Du suchst unbewusst nach Beweisen, die ein niederschmetterndes Urteil über dich unterstützen
- Du hast wenige Momente erlebt, in welchen du Herausforderungen selbst gemeistert hast
- Du hast wenig Erfolgserlebnisse
- Du bist blockiert und kommst nicht weiter
- Du kannst keine / nur schwer Entscheidungen treffen
- Du hinterfragst dich und deine Handlungen
- Du bleibst stets unter deinen Möglichkeiten
- Ein Teufelskreis: Du traust dich nicht, Ziele zu erreichen, dadurch erreichst du auch keine Ziele
- Du vermeidest neue, ungewohnte Situationen
- Du bist Opfer einer Gehirnwäsche, der du dich selbst unterzogen hast

- Ständiger Vergleich mit dem Unvergleichlichen. Resultat: Neid, Missgunst, Trägheit, Bösartigkeit
- Du wertest dich ab
- Angst vor Ablehnung: Wird somit angezogen
- Dein Selbstwert ist abhängig vom Zuspruch anderer: Ein äusserst fragwürdiges Fundament
- Du setzt dich selber unter Druck, erreichst nichts
- Du musst dich stets beweisen und egal, was du alles schaffst: Es reicht nie
- Du rennst der Anerkennung hinterher

Für das Selbstwertgefühl ist man – wie der Name schon sagt - SELBST verantwortlich.

Es ist eine Frage des Massstabes. Es sind oft frühkindliche Prägungen, die einem zu dieser Wertung führen. Man muss diese Prägungen erst erkennen um etwas ändern zu können. Meistens wurden die Prägungen von Menschen zugefügt, die im Prinzip „nur das Beste" wollten und doch nicht das Richtige gemacht haben. Meistens haben diese Menschen ihr Bestes gegeben, sie kannten es selbst nicht anders, deshalb ist es nicht sinnvoll, heute Schuldzuweisungen zu machen.

Anderen die Schuld geben ist immer sehr einfach. Man kann sich dadurch leicht der Verantwortung entziehen. Doch wem nützt das etwas? Niemandem. Jetzt wo du weisst, wo die Probleme liegen, kannst du etwas ändern. Etwas zu verändern ist mit Arbeit verbunden und oft kennt man den Ausgang nicht. Macht nichts: Selbstvertrauen beinhaltet das Wort Vertrauen und wer vertraut, der hat keine Angst vor den Resultaten. Denn, es wird in irgendeiner Form sicher gut ausgehen. Und wenn du dieses Vertrauen nicht aufbringst, überlege dir: Was ist das Schlimmste, wirklich das Schlimmste, das passieren könnte? Und dann frage dich: Wäre das wirklich so schlimm? Was könntest du tun, wenn das Schlimmste eintreffen würde? Nimm dir selber die Angst, indem du dem Schlimmsten in die Augen siehst. Du wirst erkennen, dass es immer positive Möglichkeiten gibt und das schlimmste Resultat verliert seine angstmachende Macht über dich.

Vertraue in das Leben! Es meint es gut mit dir, auch wenn du dies im Moment nicht erkennst.
Überlege dir: Wie oft warst du im Moment über eine Situation unglücklich - gar verzweifelt - und hast im Nachhinein erkannt, dass es das Beste war, das passieren konnte?

EIN ROLLENSPIEL

Mach es dir zur Aufgabe, dich in eine Rolle hinein zu fühlen und sie zu leben.
Ein Schauspieler, der eine Rolle verinnerlicht, nimmt mehr von seiner Rolle auf, als man denkt. Wenn eine Rolle immer wieder geübt und gespielt wird, färbt das auf die Person ab.

Wenn du dich in den negativen Gedanken bewegst, diese kultivierst und als Wahrheit ansiehst, bist du automatisch unglücklicher und negativ eingestellt. Ein Schauspieler muss darauf achten, dass er sich gegen gewisse Einflüsse abgrenzen kann und trotzdem die Rolle richtig spielt. Das ist gar nicht so einfach.

Die Rolle des Glückspilzes ist da natürlich kein Problem und diese Einflüsse nimmt man gerne an. Denn auch diese Rolle färbt ab und es kann sich tatsächlich Glück vermehren. Dasselbe kann aber auch mit dem Gegenteil passieren. Rate mal, was die Folgen sind, wenn man stets mit negativ denkenden Menschen zu tun hat? Die Negativität hinterlässt bei dir Spuren und schleicht sich langsam in die Gedanken ein, ohne dass du es wirklich merkst. Du wirst heruntergezogen, ohne dass du dies willst.

Hier muss man sich gut abgrenzen. Wieso soll man mit jemandem unnötig viel Zeit verbringen, der einem im Grunde nur schadet? Entweder man sagt der Person: „Jetzt reden wir mal von etwas Schönem und nicht nur immer vom blöden Chef, dem nervenden Nachbarn / Mitarbeiter usw."

Wer aber sehr negativ denkende Menschen in seinem Umfeld hat und dies bemerkt, wird auch bemerken, dass diese Menschen, selbst wenn sie von den Ferien oder von Weihnachten sprechen, etwas Negatives zu berichten haben. In diesem Fall wird sich nichts ändern. Helfen kann man ihnen sowieso nicht, das ist auch nicht deine Aufgabe. Aber du kannst Grenzen setzen und diese Personen nicht mehr oder sehr selten treffen.

Noch ein paar Worte zur lieben Familie. Es ist dumm, wenn man so jemanden in der Familie hat und das Gefühl hat „Familie müsse zusammenhalten".

Wirklich, wer sagt das? Woher kommen diese Glaubenssätze? Frage dich ob sie für dich stimmen und ob sie zu dir passen oder ob du dich einem fremden Diktat unterwirfst weil „MAN" es so macht.

Auch bei der Familie darf und muss man sich selber schützen. Man kann es klar kommunizieren, dass man nicht mehr nur negativ reden will oder man kann ganz einfach die Treffen reduzieren. Wer hat denn das Recht zu entscheiden, ob man der Familie die Treue halten muss oder nicht? Jeder muss für sich und sein Wohl einstehen. Wer mit nörgelnden Familienmitgliedern weiterhin zu tun haben will, darf das gerne. Es ist seine Entscheidung. Wenn diese Kontakte jedoch schaden, dann wäre es besser, sie zu minimieren.

Beim Chef wird es etwas schwieriger, ausser man will sowieso schon lange die Stelle wechseln. Aber auch hier kann man sich das Seine, das Positive, zu den Nörgeleien denken und sich abgrenzen. Wer Selbstbewusst ist, tut das oft schon ganz selbstverständlich und ohne weiteres. Wer (noch) an sich zweifelt, sollte einfach mal schauen, was ein Nachmittag unter solchem Einfluss mit ihm macht. Es zeigt sich schnell, dass der Mangel an Selbstvertrauen in dieser Gesellschaft „in bester Gesellschaft" ist!

GLAUBE NICHT ALLES
WAS DU ÜBER DICH DENKST

(BYRON KATIE)

DIE WURZELN
DEINER UNSICHERHEIT

DU BIST MUTIGER ALS DU GLAUBST
STÄRKER ALS DU SCHEINST
UND INTELLIGENTER ALS DU DENKST

(ALAN ALEXANDER MILNE)

Wo sind die Wurzeln deiner Unsicherheit?

- Hast du Angst davor, Fehler zu machen?
- Hast du Angst vor Kritik?
- Traust du dich, deine Meinung zu äussern oder nicht?

Kläre für dich, woher die Minderwertigkeitsgefühle stammen. Durch wen und welche Begebenheiten sind sie entstanden? Was für einschneidende Anekdoten kommen dir in den Sinn? Wie und wann wurden sie verstärkt?

- Eltern oder andere Bezugspersonen?
- Lehrer und Vorgaben der Schule?
- Kameraden im Kindesalter?
- Partner und Beziehungen?
- Arbeitsstelle, Chef, Kollegen?

Minderwertigkeitsgefühle entstehen meistens, wie schon erwähnt, in der Kindheit.

Tendentiell verstärken sie sich durch weitere negativ bewertete Erlebnisse, wenn sie erst einmal vorhanden sind. Diese Begebenheiten werden wie durch ein Automatismus von den eigenen minderwertigen Gedanken angezogen.

SELBSTVERTRAUEN IST DIE ERSTE VORAUSSETZUNG FÜR GROßE VORHABEN

(SAMUEL JOHNSON)

IST - Situationsanalyse

IST-SITUATIONSANALYSE

WAS IMMER DU TUN KANNST
ODER TRÄUMST, ES ZU KÖNNEN
FANG DAMIT AN

(JOHANN WOLFGANG VON GOETHE)

Wie gut kennst du dich selber? Hast du dir überhaupt schon die Mühe gemacht, dich selber kennen zu lernen? Warst du es dir wert, dich mit dir selber auseinander zu setzen oder war immer jemand oder etwas anderes wichtiger? Wie sieht es in deinem Inneren aus? Nimm dir Zeit für dich. Setze dich mit dir selber auseinander indem du dir folgende Fragen, am besten schriftlich, ehrlich beantwortest:

- Wer denke ich, dass ich bin?
- Wie denke ich, wirke ich auf mein Umfeld?
- Wie möchte ich auf mein Umfeld wirken? (Vielleicht gibt es hier auch Unterscheidungen, schreibe alle Möglichkeiten auf)
- Wer möchte ich sein?
- Welchen Traum hatte ich als Kind in Bezug auf mein Leben?
- Was habe ich als Kind am Liebsten gespielt? Welche Rolle hatte ich in diesen Spielen? Mit wem habe ich gespielt?
- Was habe ich aktuell für Ziele?

- Was habe ich alles schon erreicht?
- Was möchte ich noch erreichen?
- Was würde ich am Liebsten rückgängig machen oder verbessern? Weshalb würde ich Änderungen vornehmen wollen? Bin ich sicher, dass diese Änderungen besser wären, als das Resultat, das ich erzielt habe? Und dann frage ich mich noch einmal. Wie komme ich darauf? Kann ich das wirklich wissen oder ist es wieder eine Vermutung zu meinen Ungunsten? Werte ich mich und meine Entscheidungen wieder ab?
- Was haben mir meine Entscheidungen, die ich ändern möchte, denn Gutes gebracht?

Schreibe auf, was dir als Erstes in den Sinn kommt. Schaue in ein paar Tagen noch einmal über die Liste und nimm, wenn nötig, Verbesserungen vor.

Frage dich bei jeder Antwort: Stimmt das, was ich geschrieben habe? Gibt es noch andere Varianten oder Wahrheiten? Würde ich eine/n gute/n Freund/in auch so bewerten, wie ich mich bei diesen Fragen bewerte? Was wäre anders? Weshalb gestehe ich mir selber nicht die gleichen Rechte zu? Weshalb denke ich, dass ich weniger Wert bin als die anderen? Was hat zu dieser Meinung geführt? Hilft mir dieses Denken weiter? Wo behindert es mich?

Dann frage dich: Was mag ich an mir? Bin ich witzig, freundlich, empathisch oder kann ich gut zuhören, etc.? Wie gehe ich mit Rückschlägen um? Auch wichtig: Wie gehe ich mit Erfolgen um?

Wie lange schenke ich meinem Erfolg Anerkennung? Oder hetze ich kurz nach dem Erreichen eines Zieles gleich wieder weiter? Kann ich meinen Erfolg geniessen und kann ich auch über meinen Erfolg reden? Wieso nicht? Du hast schliesslich etwas erreicht! Das darf man ruhig mitteilen. Meistens liegt ja Arbeit und Einsatz dahinter.

„Sein Licht unter den Scheffel stellen" ist den Schweizern/innen schon fast angeboren. Falls du kein/e Schweizer/in bist, hast du da mehr Glück gehabt. Die Schweizer sind von den Grundzügen her ein überaus diplomatisches Volk und sie wollen es möglichst allen Recht machen. Doch was heisst „es allen Recht machen"? Irgendjemand bleibt immer auf der Strecke und meistens sind es dann genau die Personen, die sich dahingehend verbiegen, es allen Recht machen zu wollen.

Dazu kommt noch, dass die Person es sich sicher nicht Recht macht, aber alle anderen auch nicht ganz glücklich sind. Es allen Recht machen zu wollen führt zu faulen Kompromissen und falschen Resultaten. Es ist besser zu seiner Meinung zu stehen, dann weiss man nicht nur woran man ist, man hat auch die Möglichkeit selber etwas zu bewegen. Bei faulen Kompromissen muss man diese oft noch dem (falschen) Frieden zuliebe annehmen. Was passiert dabei unterschwellig? Es wird viel Energie verbraucht, den Frieden zu wahren, obwohl man die gebotene Lösung gar nicht mag. Viele Menschen wollen den Frieden wahren, damit belügen sie sich nicht nur selber, sie zwingen die anderen Menschen, die genau so denken ebenfalls zur Eigenlüge. Unter dem Deckmantel „ich meine es ja nur gut, will es allen Recht machen", ist schon sehr viel Unrecht passiert. Und das kann es wirklich nicht sein. Meistens sind die Menschen ganz froh, wenn man ehrlich zu ihnen ist. Nicht nur, dass sich bessere Varianten, oft gemeinsam finden lassen, nein, nur so kann etwas bewegt werden, das alle mit gutem Gefühl akzeptieren können.

WENN DU **NEIN** ZU ANDEREN SAGST, SAGST DU VOR ALLEM **JA** ZU DIR SELBST

(ROLAND KOPP-WICHMANN)

1. Denk nicht, die Leute reden immer über dich. Und falls sie es doch mal tun: Egal, was die anderen denken, es wird deine Art und Weise, wie du dein Leben lebst, nicht verändern. Zumindest sollte es das nicht.
2. Habe keine Angst, deine persönliche Meinung zu äussern. Du schuldest es dem anderen, ehrlich zu sein. Aber vorallem schuldest du es dir selbst.
3. Stehe für dich ein. Du bist gut genug, du hast es verdient, eine bessere Situation, einen besseren Freund oder besseren Job zu finden.
4. Sei kein soziales Chamäleon. Es ist ein Unter-

schied, ob du freundlich bist, oder ob du dich anderen unterwirfst. Deine Zeit damit zu verbringen, Menschen zu erfreuen, die dein wahres Ich nicht zu schätzen wissen, lohnt sich nicht.

5. Konzentriere dich nicht mehr darauf, wie andere dich behandeln. In den meisten Fällen kannst du nicht beeinflussen, ob dich jemand mag oder nicht. Du kannst weder seine Vergangenheit, seine vorgefassten Vorstellungen, noch seine Gedanken kontrollieren. Überlasse es den Menschen, dich zu nehmen oder zu verlassen.

6. Lerne, nein zu sagen! Lebe ein Leben, in welchem du tust, was DU willst.

7. Gehe Konflikten nicht mehr länger aus dem Weg. Gehe Risiken ein, überschreite Grenzen.

8. Sei vollständig und stolz darauf, wer du bist. Stehe dafür ein, woran du glaubst, und noch wichtiger - stehe für das ein, was du bist. Deine Zeit ist wertvoll, deine Meinung ist wichtig und du verdienst Respekt.

DU BIST EIN GESCHENK FÜR DIESE WELT!

DAS GROßE IST NICHT
DIES ODER DAS ZU SEIN
SONDERN **MAN SELBST** ZU SEIN

(SØREN KIERKEGAARD)

STÄRKEN UND SCHWÄCHEN

WER WEISS, WIE WICHTIG ER IST, BRAUCHT SICH NICHT MEHR WICHTIG ZU MACHEN

(ERNST FERSTL)

Als nächstes kannst du deine Stärken und Schwächen reflektieren. Du wirst merken, dass es viel einfacher ist, Schwächen aufzuschreiben. Das hat wiederum damit zu tun, dass wir von Kindsbeinen an auf Schwächen und nicht auf Stärken aufmerksam gemacht werden. Wir bekommen vermittelt, dass wir bescheiden sein müssen. Dass es arrogant wirkt, wenn man über Stärken spricht.

Erstelle für dich eine Liste mit gleichwertig vielen Stärken und Schwächen, mindestens je sechs. Du findest die Liste dafür ein paar Seiten weiter hinten. Lass dir ruhig Zeit und überlege dir deine Stärken. Du hast viele davon, bist sie dir einfach nicht ganz bewusst.

Wenn du diese Liste ausgefüllt hast, lies sie dir nochmals durch und ergänze wo nötig. Stärken und Schwächen sind auch oft eine Frage der Interpretation. Ungeduld kann z.Bsp. als etwas Schlechtes angesehen werden oder auch als etwas Gutes. Denn Ungeduld gibt einem auch Ansporn, Tatkraft usw.

Jedes Wort wird so interpretiert, wie man es kennengelernt hat. In welchem Zusammenhang man ein Wort gelernt hat, bzw. welche Erfahrungen man mit einem Wort verknüpft ist hier ausschlaggebend.

Deshalb wirken Worte auf verschiedene Menschen anders.. Das kann auch mit der Kultur und der Umgebung in der man aufgewachsen ist zusammenhängen. Darum ist es wichtig, dass du dir selber Gedanken über deine gewählten Stärken und Schwächen machst.

Für jemand anderes kann ein Wort negativ besetzt sein, während es für dich positiv ist.
So gibt es andere Sichtweisen und oft auch Missverständnisse, aber schlussendlich kommt es auch auf die Erklärung an.

Schau dir deine Stärken und Schwächen nun einmal von einer anderen Seite an. Was wäre die positive Seite deiner Schwächen?

Falls du keine eigenen Ideen für eine Umkehrung hast, hilft dir vielleicht die folgende Liste oder wenn du die Bedeutung der Wörter googelst. Hierbei geht es nur darum, die Sichtweisen über dich und deine Glaubenssätze aus einem anderen Blickwinkel zu betrachten. Du musst hierbei nichts ändern, aber wahrnehmen, wie du etwas siehst, heisst nicht, dass es auch so ist.

Dazu ein paar Beispiele:

Adjektiv	eher positiv	eher negativ
direkt	mutig, weiss, was man hat / will, kann seine Meinung vertreten	frech, rücksichtslos, egoistisch
willensstark	weiss, was man will, hilft Ziele zu erreichen	fordernd, stur, egoistisch, nur auf eigene Vorteile aus
selbstbewusst	klar	hochnäsig
führungsstark	führend und helfend	befehlend, Geltungsdrang
entschlossen	Ziele werden erreicht	über Leichen gehend
teamfähig	Zusammenarbeitend, diplomatisch, helfend	ambitionslos, unselbstständig, verantwortungs-,Entscheidungsschwach
geduldig	nicht hetzend, gewissenhaft	langweilig
einfühlsam	spürt, wenn etwas nicht stimmt, empathisch, umsichtig	nimmt alles persönlich, mischt sich ein
harmoniebedürftig	lösungsorientiert	agiert nur dem Frieden willen
vielseitig	offen für Neues	verzettelt
verspielt	kreativ	Kindskopf
lebhaft	aktiv	unruhig
gesellig	gern gesehen, beliebt	Party, oberflächlich, Lebemensch
genau	Verlass	pedantisch

Selbstverständlich kannst du deine Liste mit guten Freunden, mit Familie ev. mit dem Partner besprechen. Der Partner ist dir jedoch sehr nahe und da spielen oft noch andere Dinge mit. Die Gefahr ist gross, dass die Objektivität leidet. Unter Umständen kann es zu Missverständnissen führen, die so nicht gedacht waren. Deshalb raten wir, so persönliche Themen nicht mit dem Partner anzuschauen.

Mit dem Feedback aus der Fremdperspektive ergibt sich eine gute Mischung aus Selbst-/Fremdwahrnehmung. Ein einigermassen objektives Bild. Du wirst, wie schon erwähnt, feststellen, dass Schwächen gerne stärker gewichtet werden als Stärken. Das kann wiederum ganz individuell hinterfragt werden. Wer bestimmt den Massstab und weshalb?

Du kannst die einzelnen Punkte auch auf kleine Zettel schreiben und diese dann sortieren. Stärken und Schwächen der Reihe nach von extrem wichtig zu unwichtig. Und dann schau dir die positiven Punkte nach der Gewichtung an und freue dich darüber. Anschliessend schaust du dir auch die weniger tollen Punkte nach deiner Gewichtung an. Sind wirklich alle so negativ?

Kannst du einige davon aus eigener Kraft verändern? Nimm dir einen Punkt heraus, den du verändern möchtest. Arbeite erst einmal nur an einer Schwäche und überlege dir, was für ein Aufwand es bedeuten würde, diese Schwäche zu verändern? Wäre dir dieser Aufwand wert? Was stellst du dir vor, ändert sich, wenn du die Schwäche verändert hast? Lohnt sich das? Falls ja; setze dir ERREICHBARE Ziele, und fang an, deine Ziele zu erreichen. Gehe Schritt für Schritt vor und gestalte deine Ziele so, dass du sie erreichen kannst mit nur soviel Aufwand, dass es dir nicht verleidet.

Zum Beispiel hast du die Schwäche, dass du dich nicht traust auf andere zu zugehen. Das ist kein negativer Punkt, du bist einfach etwas vorsichtiger und reservierter. Du darfst so sein. Falls du aber an diesem Punkt arbeiten möchtest, da du lieber mehr Kontakt willst, dann überlege erst, was es bedeutet, wenn du dein Ziel erreicht hast. Wie wird sich das wohl anfühlen? Lohnt sich der Aufwand für dich? Ja, also dann setze deine Ziele.

Ein erstes Ziel hierbei könnte sein, dass du nächstes mal, wenn du an einer Kasse bezahlst, der Verkäuferin etwas Nettes sagst. Du kannst sie auch ganz einfach fragen, ob sie heute schon viel Arbeit hatte. Das ist sehr unverfänglich, ruft aber schöne Reaktionen deines Gegenübers hervor. Denn die Verkäuferin fühlt sich wahrgenommen. Das ist ein kleiner aber machbarer Schritt für dich zu mehr Kontakt, zu mehr Mut. Gleichzeitig erfreust du einen anderen Menschen, was dir auch ein gutes Gefühl gibt.

Genau solche Ziele solltest du dir vornehmen und diese dann immer weiter steigern.

Ein weitaus grösserer Schritt ist dann, dass du dir vornimmst, irgendjemand z.B. im Zug einfach anzusprechen und ein Gespräch zu führen. Schwieriger wird es hierbei, wenn die Leute im Zug nur noch auf ihr Handy schauen.

Du kannst natürlich auch jemanden in de(ine)r Warteschlange ansprechen. Einfacher ist es auf dem Spaziergang, wenn du jemanden mit Hund oder Kinderwagen/Kindern entdeckst; Da hat man schon ein unverfängliches Thema. Versuch es und schau, wie gut du dich dabei und nachher fühlst.

Wenn du es geschafft hast, auch nur ein paar belanglose Worte mit einem Unbekannten zu wechseln, gibt dir das enorm Auftrieb.

Du kannst auch an eine Party gehen. Sicherheit gewinnst du, wenn du dir vorgängig vorstellst, was für Leute da sein werden. Oder frag die Person, die dich eingeladen hat, wer denn alles da sein wird. Du darfst auch ein paar Hintergrundinformationen abfragen, wie z.B. wer Familie, Haustiere hat oder wer was arbeitet. Mit diesen Informationen, überlege dir was du mit Ihnen sprechen könntest. Und dann trau dich einfach mal, denn du musst wissen, dass es den meisten anderen Menschen genau gleich geht wie dir. Jeder ist froh, wenn der andere den ersten Schritt macht.

Wenn du dies geschafft hast, hast du schon sehr, sehr viel geschafft. Gratuliere!

WENN DU EIN VORHABEN NICHT
INNERHALB VON 48 STUNDEN ANGEHST
GEHST DU ES NIE MEHR AN

(MARIE THERES SCHILTER)

MEINE „STÄRKEN - SCHWÄCHEN" LISTE

Erstelle nun deine persönliche Liste mit deinen Stärken und Schwächen.

Du findest auf der folgenden Seite eine Liste dafür.

- Mache eine Kopie der Liste und fülle die Kopie mit deinen Stärken und Schwächen

- Sortiere sie nach Wichtigkeit (ausschneiden, sortieren)

- Schau, welche Schwächen man auch umgekehrt ansehen könnte und was das bedeutet

- Nimm die Punkte, die du aus eigener Kraft verändern willst und kannst, heraus

- Setze dir erreichbare Ziele und beginne SOFORT mit der Umsetzung.

MEINE STÄRKEN - MEINE SCHWÄCHEN - LISTE

_____

_____

_____

_____

_____

_____

_____

_____

_____

_____

_____

_____

_____

_____

selbstannahme

SELBSTANNAHME

**WER SICH SELBST TREU BLEIBEN WILL
KANN NICHT IMMER
ANDEREN TREU BLEIBEN**

(CHRISTIAN MORGENSTERN)

Es ist nicht so, dass du all deine Schwächen verändern musst. Nehme alle Dinge, die du nicht
verändern kannst oder willst, als ein Teil von dir
an. Niemand ist perfekt und wenn doch, wäre die
Person ziemlich langweilig. Entwickle eine positive
Einstellung zu dir selbst, löse dich vom Anspruch,
perfekt sein zu wollen. Oft wird uns das Perfekte in
nicht realistischen Filmen im Fernsehen vorgegaukelt.
Diese Filme haben einen grossen Einfluss auf unser
Denken, ohne dass wir es merken. Die Schauspieler
zeigen eine Welt der perfekten Frau, Ehefrau, Mutter,
die mit einem Lächeln und immer gut frisiert alles
kann und macht. Das gleiche gilt für die Männer. Im
Film sind sie stets die Helden, gewitzt, Waschbrett-
bauch, immer mit den richtigen Ideen und dem perfekten Beruf bis zum coolen Auto. Das ist für niemanden die Realität.

Deshalb stehe zu dir, wie du bist mit deinen Ideen
und Flausen, akzeptiere dich liebevoll. Sie machen
zusammen mit den Stärken deine einmalige und
wundervolle Persönlichkeit aus!

Wenn du dich annehmen kannst, wie du bist, mit deinen Stärken und deinen Schwächen wirkst du nach aussen viel harmonischer. Du strahlst Selbstakzeptanz aus und wirst dadurch selbstsicherer, dein Selbstvertrauen entwickelt sich weiter.

Versuche dich mal mit anderen Augen zu sehen. Was hast du in deinem Leben schon alles geschafft?

- Vielleicht warst du gut in der Schule?
- Vielleicht hast du einen Beruf erlernt, der dir richtig viel Freude macht?
- Vielleicht hast du ein tolles Hobby? Sport? Basteln? Kochen?
- Vielleicht lebst du in einer tollen Partnerschaft?
- Vielleicht hast du eine Familie?
- Vielleicht hast du gute Freunde?
- Vielleicht bist du in einem Verein tätig?
- Vielleicht wohnst du in einer schönen Wohnung?
- Vielleicht hast du Haustiere oder viele Pflanzen?
- Vielleicht arbeitest du in einer guten Firma?

Da könnte noch so viel mehr aufgezählt werden. All das hast du nur, weil du DU bist! Du hast, seit du in den Windeln gelegen bist, schon sehr viel erreicht.

Wir könnten auch schon beim Laufen lernen anfangen. Da sind viele Dinge, die du ohne Hilfe alleine gemeistert hast. Vermutlich hast du einiges vergessen oder ihm keine Bedeutung zukommen lassen.

Das soll sich jetzt ändern!

Jeder Mensch hat Fehler (auch wir, die das Schreiben), auch die Mächtigen, auch die Selbstbewussten.
Das Wort Fehler ist nicht ganz richtig, denn es wertet
wieder ins Negative. Sagen wir besser; jeder Mensch
hat seine Ecken und Kanten. Lasse deine Unzuläng-
lichkeiten, deine Ecken und Kanten, Ecken und Kanten sein. Definiere dich nicht über sie sondern über
deine Stärken. Und gehe ganz selbstverständlich davon aus, dass du erreichen kannst, was du willst und
dass du deine Aufgaben bravourös meistern wirst.

DIE LISTE DEINER POSITIVEN EIGENSCHAFTEN

WAS ICH GERNE MACHE - WAS ICH GUT KANN

Listen sind etwas schönes, denn man kann sie immer wieder anpassen, neu schreiben und verändern.
Die jetzige Aufgabe bittet dich wieder eine Liste zu
erstellen, eine lange, schöne Liste über all die Dinge, die du gerne machst, die du gut kannst, positive
Eigenschaften. Beginne mit den ganz einfachen,
alltäglichen Dingen, wie z.B.

- Lachen, telefonieren, singen
- Autofahren, Auto putzen
- Kochen, Backen
- Fussball spielen, Eile mit Weile
- Kinder hüten, Basteln
- Staubsaugen, Dekorieren

- Rüsten, Kaffee trinken
- Eine Unordnung zaubern
- Wieder Ordnung herstellen
- Surfen, Briefe schreiben
- Blumen pflanzen, Jäten

Die Liste sollte mindestens 20 Punkte umfassen.

WAS ICH ALLES KANN / WAS ICH GERNE TUE

_____

_____

_____

_____

_____

_____

_____

_____

_____

_____

_____

_____

_____

Die Liste ist dein persönlicher Schatz. Sie zeigt auf was du alles kannst, wo du überall gut bist, oder was du einfach mit Freude machst.

Wir sind sicher, dass du viele Punkte zusammentragen konntest. Lies dir die Liste immer wieder durch, ergänze sie. Am besten liest du sie abends jeweils vor dem Schlafen gehen.

Ist es nicht toll, wie grossartig du bist und für was du dich alles rühmen kannst?! Sei stolz auf dich! Nicht nur die grossen Dinge sollen bewertet und beachtet werden, kleine Dinge sind genau so wichtig. Die ganze Liste und noch viel mehr ist nur ein kleiner Teil deines Könnens.

MENSCHEN, DIE IMMER DARAN DENKEN
WAS ANDERE VON IHNEN HALTEN
WÄREN SEHR ÜBERRASCHT
WENN SIE WÜßTEN, WIE WENIG
DIE ANDEREN ÜBER SIE NACHDENKEN

(BERTRAND RUSSELL)

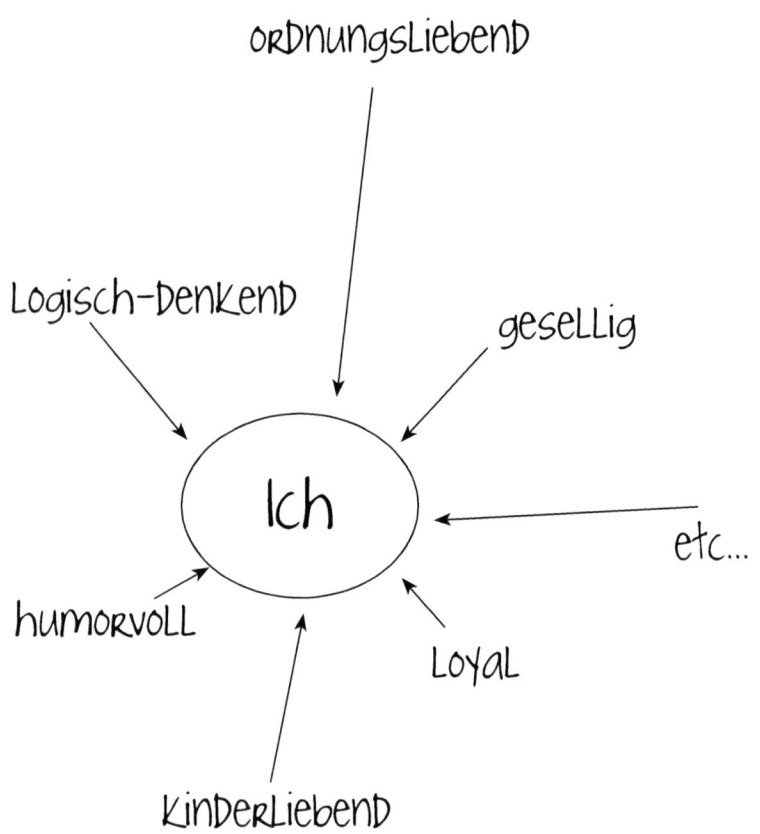

FÄHIGKEITEN ERKENNEN

Diese Übung hilft dir dich und deine Fähigkeiten besser zu erkennen. Zeichne auf ein Blatt Papier in der Mitte einen nicht zu grossen Kreis.

In den Kreis schreibst du das Wort ICH.

Schreibe nun aussen um den Kreis herum Fähigkeiten hin, die dir in den Sinn kommen.
Dann ziehe von den Fähigkeiten bis zum Kreis Pfeile.

Lies dann auf der nächsten Seite weiter. Es macht mehr Sinn, wenn du die Übung machst, bevor du weiterliest.

Wie es dann in etwa aussehen wird, siehst du hier auf der linken Seite.

Nun schau dir den Kreis und die Fähigkeiten mit den Pfeilen genauer an. Diese Fähigkeiten gehören zu dir. Je näher die Fähigkeit beim Kreis steht, desto ausgeprägter ist sie.

Gibt es Fähigkeiten, die dir nicht so bewusst sind? Hast Du Fähigkeiten näher zum Kreis gesetzt, obwohl du sie als nicht so stark empfindest? Setz dich mit den Fähigkeiten auseinander. Sie sind ein Teil von dir und bestärken dich in deinem Alltag.

WENN WIR AN UNSERE STÄRKE GLAUBEN
SO WERDEN WIR TÄGLICH STÄRKER

(MAHATMA GANDHI)

Neue Selbstkonzepte Leben Lernen

NEUE SELBSTKONZEPTE, NEUE SELBSTBEWERTUNGEN LEBEN LERNEN

EIN PESSIMIST
SIEHT DIE SCHWIERIGKEITEN
IN JEDER MÖGLICHKEIT
EIN OPTIMIST
SIEHT DIE MÖGLICHKEITEN
IN JEDER SCHWIERIGKEIT

(WINSTON CHURCHILL)

SELBSTZWEIFEL IN 10 SCHRITTEN ÜBERWINDEN

1. Nimm Komplimente mit Freude und einem einfachen „Danke" an

   Achte dich mal. Wie bist du bisher mit Komplimenten umgegangen? Hast du eine Art Abwehrreaktion gelebt? Hast du das Kompliment eventuell klein geredet? Hast du das Kompliment in einer anderen Form gleich zurückgegeben? Hast du das Wörtchen „aber" benutzt? Oder hast du gedacht, dass unmöglich du damit gemeint sein kannst? Hast du vernichtende Selbsturteile gefällt?

   Versuche in Zukunft Komplimente als das was sie sind anzunehmen. Sie sind eine Anerkennung deiner Persönlichkeit. Du bist wertvoll und darfst Komplimente empfangen ohne sie klein zu machen oder gleich zurück zu geben. Sag einfach Danke und freue dich, dass jemand anderes deinen Wert, deine Leistung, deine Schönheit etc. erkannt hat. Geniesse die Wirkung des Komplimentes. „Einfach Danke."
   Menschen mit schwachem Selbstwert haben Schwierigkeiten Komplimente einfach so anzunehmen. Deshalb wehren sie Komplimente oft ab, was sehr schade ist, denn Komplimente tun gut.

2. Hör auf, dich mit anderen zu vergleichen

Vergleiche mit anderen sind das Niederschmetterndste, dass du dir antun kannst. Es macht dich unglücklich und fördert Selbstzweifel. Vergleiche sind nie wirklich objektiv. Du kommst automatisch schlechter weg. Du weisst nicht wirklich, was, wie, wo, bei den anderen stimmt. Du hast von anderen eine Wahrnehmung, die so nicht der Wirklichkeit entspricht oder entsprechen muss.

Du würdest dich wundern, wenn du deine Vergleiche und Wahrnehmungen mit der Person besprechen würdest. Es gäbe ein ganz anderes Bild.

Du gehst z.B. mit einer Bekannten in den gleichen Sprachkurs. Sie kann immer alles beantworten, sieht die Zusammenhänge der Sprache und ist einfach sehr gut im Lernen. Sie spricht die Sprache schon recht gut, im Gegensatz zu dir. (Deine Meinung)

Du denkst...

- dass sie eine Sprachbegabung hat, die du nicht hast
- dass sie sehr leicht lernt und du dir alles erkämpfen musst
- dass sie viel intelligenter ist als du
- dass sie sowieso alles besser kann als du
- dass sie ...

Eines Tages trifft es sich, dass ihr zwei im gleichen Kaffee sitzt und Zeit habt etwas miteinander zu plaudern. Irgendwann redet ihr auch über den Sprachkurs. Die Bekannte erwähnt, dass sie täglich intensiv üben muss, um überhaupt mitzukommen. Sie sagt, dass sie dich bewundert, wie leicht es dir fällt, die Übungen zu machen. Sie sei etwas neidisch auf deine akzentfreie Aussprache usw.

Du bist ganz erstaunt, denn das ist nicht die Wahrheit, die du dir kreiert hast. Hättest du nie mit deiner Bekannten über den Sprachkurs gesprochen, würdest du dich nach wie vor zu Unrecht schlecht machen.

Wenn du ins Vergleichen und Werten verfällst, lehne dich zurück und frage dich:

- Stimmen denn meine Gedanken überhaupt?
- Ist es korrekt was ich da denke?
- Könnte es auch eine andere Wahrheit geben?
- Was machen diese Gedanken mit mir?
- Woher kommen diese Gedanken?
- Tut es mir gut, so zu denken?
- Will ich weiterhin so denken?

Das hilft dir, deine Sichtweise zu ändern. So kommst du der Realität viel näher, ohne dass du dich selber erniedrigst. Jede Erniedrigung, die du dir selber zufügst hinterlässt Spuren in deinem Selbstwert. Frage dich, würdest du jemanden der dir Nahe steht, freiwillig so verletzen und erniedrigen? Weshalb machst du es dann mit dir?

Dein Selbstwertgefühl soll von innen heraus kommen und nicht davon abhängig sein, im Vergleich zu anderen besser oder schlechter abzuschneiden.
Frage dich künftig nicht mehr:"Wer bin ich, um brillant, grossartig, talentiert und kraftvoll zu sein?" Frage dich ab sofort:" Was mache ich eigentlich, um das alles nicht zu sein?

3. **Schau auf das was du kannst!**

Nimm deine Liste „was du alles kannst" hervor. Fokussiere dich auf deine Stärken und vergegenwärtige dir deine Erfolge. Führe dir konkret Situationen vor Augen, in denen du stolz auf dich selber warst. Falls dir nichts einfallen sollte, frage deinen Partner, deine Familie und Freunde. Mach dir Notizen, damit du später nochmals lesen kannst, was sie dir alles erzählt haben. Glaube an dich!

4. **Sorge für kleine Erfolgserlebnisse**

Wie bereits früher erwähnt, macht es Sinn realistische Ziele zu setzen. Ziele, die du relativ einfach erreichst. Geh immer einen Schritt nach dem anderen und freue dich an jedem Schritt, den du gemeistert hast. Dein Selbstbewusstsein wird dadurch wachsen. Erfolg zu haben ist ein schönes Gefühl. Dokumentiere deine Fortschritte. Gestehe dir zu, positive Erfahrungen zu machen. Übernimm Verantwortung für dich und dein Leben. Erfolgserlebnisse bauen auf.

5. Wappne dich für kritische Situationen

Kränkungen und Ablehnungen können dein Selbstwertgefühl zum Wanken bringen. Wenn du Mangel an Selbstvertrauen ausstrahlst, wirst du genau dies Situationen anziehen. Ziel ist es, dass du in Zukunft keine oder nur noch wenig solche Begebenheiten erleben musst. Zum einen kannst du sie vermeiden, in dem du dich veränderst. Indem du dich selber annimmst und dir selber vertraust. Zum anderen kannst du dir auch solche Situationen vorstellen, wie du sie erlebt hast. Erlebe sie noch einmal wie in einem Film. Frage dich, ist es wirklich genau so gewesen. Könnte die Ablehnung, die ich gespürt habe von mir selber gekommen sein? Habe ich mich abgelehnt gefühlt, weil ich abgelehnt wurde oder weil ich die Ablehnung erwartet habe? Falls diese Fragen zu schwierig sind zum Beantworten, spiele nur die Situationen durch. Aber bitte, gehe sie durch wie ein Film, damit meinen wir, ohne die damaligen Gefühle nochmals zu erleben. Bleibe so objektiv wie möglich. Definiere als nächstes deine eigenen Wunsch-Reaktionen. Oder verändere das Ende des Films nach deinen Wünschen. Stelle es dir richtig vor, nimm dir Zeit dafür. Wenn du das perfekte Ende hast, dann fühle wieder mit. Fühle wie toll es ist, dabei zu sein, angenommen zu sein und sich die Kränkungen in Wohlwollen verwandeln. Fühle wie stark du auf einmal wirst und wie dir die Angst vor solchen Situationen genommen wird. Fokussiere dich auf das gute Ende und die guten Gefühle, die dabei entstehen. Nimm dir vor, ab jetzt nur noch solche Situationen zu erleben. Du kannst dir auch Worte für solche Situationen zurechtlegen, damit sie abrufbereit sind, wenn du sie brauchst. Eventuell hilft dir das zusätzlich um Mutig an den Alltag ranzugehen.

6. Besänftige deinen inneren Kritiker

Das ist dein schlimmster Widersacher, dein schlimmster Feind. Denn dein innerer Kritiker ist gnadenlos, deshalb musst du ihn nicht nur besänftigen, am besten bringst du ihn zum Schweigen. Betrachte nochmals die schwierige Situation von aussen, wie ein Film. Wie würdest du reagieren, wenn das gleiche einem Freund passiert wäre? Du hättest sicher Mitgefühl mit ihm, du würdest ihn bestimmt aufmuntern. Du würdest zu ihm stehen unter Umständen ihn auch in die Arme nehmen. Du würdest ihn trösten und ihm helfen.

Und was machst du mit dir, wenn dir so etwas passiert? Du machst dich selber noch weiter runter. Sätze wie; ich bin wertlos, ich bin doof, wieso bin ich nur so blöd und gerate immer in die gleichen Begebenheiten. Ich bin schwach, ich hasse mich usw.

Das ist, wenn wir wieder das Beispiel mit deinem guten Freund nehmen, als ob du ihm noch mehr Schaden zufügst. Also ob du ihn zusätzlich aus-lachst, auf seinen Gefühlen herumtrampelst, du giesst Öl ins Feuer, du machst ihn schlicht und einfach fertig. Würdest du das tun?

WESHALB MACHST DU ES DANN MIT DIR SEL-BER?

Bring deinen Kritiker zum Schweigen. Nimm dich selber in den Arm, tröste dich, muntere dich auf, gib dir selber das Mitgefühl, dass du einem guten Freund zukommen lassen würdest. Mit diesem Vorgehen bist du empathischer, nicht mehr gna-denlos mit dir selber und du gehst so mit dir um, wie du es verdient hast.

7. Lerne das Gleichgewicht zwischen Geben & Nehmen

Wir können oft sehr gut Geben.
Wenn jemand etwas braucht oder uns um Hilfe bittet, sind wir da. Aber wie ist es mit Annehmen?

Das geht in das gleiche Thema wie Komplimente annehmen. Es fällt uns schwer Geschenke anzu-nehmen. Egal ob es Geschenke in verbaler Form oder Auspack-Geschenke sind. Lerne anzu-nehmen. Wie bei den Komplimenten reicht ein ehrlich gemeintes Danke. Indem du Geschenke annimmst, bereicherst du auch den Geschenk-

Geber. Er durfte dir eine Freude machen und erfährt so auch selber grosse Freude. Du darfst annehmen, auch hier, mache dich nicht klein, werte dich nicht ab.

Und dann darfst du selbstverständlich auch Geben. Tue anderen Gutes, gib ihnen, ermutige sie. Du darfst dein Umfeld unterstützen, denn damit unterstützt duch auch indirekt dich selber. Wenn du der Geber bist, erfährst du ebenfalls die Freude, wenn dein Geschenk angenommen wird. Wenn du mit deinem Umfeld so umgehst, wie du es selber gerne hättest, gehörst du zu den Gewinnern. Denn früher oder später erfährst du genau den gleichen Umgang.

Vielleicht denkst du jetzt, dass es Menschen gibt, die bösartig mit ihrem Umfeld umgehen. Und dann fragst du dich, weshalb es denen trotzdem so gut geht. Auch hier gilt wieder, dass du nur eine Fassade siehst. Wie es im Menschen selber wirklich aussieht, kannst du nicht einmal erahnen. Von Aussen scheint vieles ganz anders als es ist. Zudem weißt du auch nicht, was sonst noch bei diesem Menschen los ist. Du weißt nicht, was er alles schon durchlebt hat oder noch durchleben muss. Werte nicht über andere, schau dass es bei dir so läuft, wie du es gerne hättest. Übernimm Verantwortung für dich und nicht für andere. Bleib bei deiner Baustelle!

Noch ein paar Gedanken zum Geben.
Geben, geben, geben ist eine Lösung um sich

selber gut zu fühlen. Doch pass auf: Nehmen ist genauso wichtig. Wenn du zuviel gibst und nicht nimmst, entsteht ein Ungleichgewicht und früher oder später entstehen negative Gefühle, unterdrückte Wut. Gib nur das was du bereit bist zu geben. Lass dich nicht aussaugen, es gibt Menschen, die nehmen und nehmen. Grenze dich ab. Jemand mit starkem Eigenwert und Selbstbewusstsein erkennt die Grenzen und schützt sich vor „Blutsaugern". Sag Nein, wenn etwas für dich nicht passt.

8. Pflege positive Kontakte

Umgib dich mit Menschen, die dich mit ihrer positiven Haltung anstecken. Erkenne die Nörgler in deinem Umfeld. Lasse sie links liegen, denn oft ist da nichts zu machen. Du merkst selber, wie gut es dir tut, wenn du einen Nachmittag mit jemand Positivem verbringst. Dasselbe gilt für jemand mit schlechter Laune oder stets negativen Gedanken. Es ist ansteckend und wenn du nicht aufpasst, bist du schnell im gleichen Fahrwasser. Umgib dich ab sofort mit positiven Menschen. Wenn du die anderen nicht umgehen kannst, reduziere deine Zeit mit ihnen auf ein Minimum. Du kannst dir auch ein Spiel daraus machen, ihre Negativität für dich ins Positive zu wandeln. Irgendwann werden die Kontakte automatisch weniger, denn die Menschen spüren, dass du nicht mehr auf ihrer Welle reitest.

9. Belohne deine Tagewerke!

Feiere deine Erfolge und wenn sie auch noch so klein scheinen. Das kann sein, dass du ein besonders feines Essen gekocht hast. Dass du ein gutes Telefonat erledigt hast, dass du mit der Verkäuferin im Supermarkt ein paar Worte gewechselt hast usw. Zelebriere, was du erreicht hast und feiere die schönen Momente. Sei glücklich und fokussiere dich auf das Gute, auf das Erreichen deiner Ziele. Ertappe dich dabei, wenn du etwas Gutes tust und Kleines wie Grosses geschafft hast.

Wenn du jede Tätigkeit im Alltag sehr bewusst und mit viel Liebe erledigst, findest du innere Ruhe und Gelassenheit. Die Dinge gehen dir viel leichter von Hand. Nehmen wir z.B. der tägliche Abwasch. Klar, du hast eine Maschine, trotzdem bleibt immer noch einiges, dass von Hand erledigt werden muss. Die Küche räumt sich bei niemandem von alleine auf. Das ist vermutlich keine Arbeit, die so wahnsinnig gerne erledigt wird, aber sie muss gemacht werden. Versuche beim nächsten Mal ganz präsent zu sein. Jede Handreiche bewusst zu tun und versuche deine Handlungen zu lieben. Und dann freue dich von Herzen an der sauber aufgeräumten Küche. Wir tendieren dazu, Alltagsarbeiten ohne zu Denken, ohne Beachtung zu schenken, zu erledigen.

Mit Achtsamkeit nimmt die Qualität der Arbeiten zu und v.a. kann man sich am Resultat freuen, dass sonst immer als Gegeben hingenommen wurde. Gib dir und deinem Alltag mehr Aufmerksamkeit und positive Gefühle.

10. Freudvolle Tätigkeiten

Mach möglichst oft, was du liebst! Mit Tätigkeiten, die dir Freude bereiten, füllst du deinen inneren Tank auf. Dann hast du Spass, du bist erfüllt und erlangst innere Zufriedenheit. Du bist im Einklang mit dir und deinen eigenen Wertvorstellungen. Du brauchst keine Energie um eine Rolle zu spielen oder dich zu verstellen. Du kannst einfach glücklich sein. Je öfter du diesen Zustand erlebst, desto erfüllter bist du im Alltag. Es wird einfacher den Alltag zu meistern und auch Unangenehmes zu erledigen. Wenn dein Tank gefüllt ist, hast du mehr Geduld, kannst leichter mit Druck umgehen und fühlst dich allgemein wohler. Gönne dir Auszeiten, gönne dir deine freudvollen Tätigkeiten.

Viele Menschen haben Schwierigkeiten Pausen zu machen oder auch ihren Hobbys nachzugehen. Sie haben einen tief verankerten Leistungsgedanken. Pause, Auszeit usw. gibt ihnen Schuldgefühle. Dann werden die freudvollen Tätigkeiten überschattet von auferlegter Schuld und die ganze Sache führt ins Gegenteil. Überlege dir, wie steht es mit mir. Kann ich einfach Pause machen oder habe ich stets den Drang etwas tun zu müssen? Habe ich ein schlechtes Gewissen, wenn ich ein Buch lese, statt das Wohnzimmer staubsauge, den Müll runterbringe oder die kaputte Glühbirne ersetze?

Das ist die Kluft zwischen „was du tust" und „was du willst"; das raubt Energie und macht dich unglücklich. Erst wenn du deine Tendenzen kennst, alte Glaubenssätze auflöst, kannst du dich den freudvollen Tätigkeiten widmen, sie geniessen und auftanken.

WER IMMER TUT, WAS ER SCHON KANN
BLEIBT IMMER DAS, WAS ER SCHON IST

(HENRY FORD)

SELBSTMOTIVATION

Definiere deine (realistischen) Ziele.
Nimm dir ein Blatt und formuliere dir künftig Tages- /
Wochen- / Monats- / Jahresziele.

WER NICHT WEIß, WOHIN ER WILL, DER DARF SICH NICHT WUNDERN, WENN ER GANZ WOANDERS ANKOMMT...

(MARK TWAIN)

Was möchtest du erreichen? Beginne mit **einem kleinen Ziel**, z.B. ‚mehr Wasser' trinken.
Schreibe dir das Ziel auf. Alles was geschrieben ist,
hat eine grössere Wirkung. Dann überlege dir die
Details zum Ziel.

- Braucht es kleine Einzelschritte / Etappenziele? (Im Falle des ‚mehr Wassertrinkens' eher nein)
- Brauche ich etwas spezielles um das Ziel erreichen zu können? (Hier z.B. eine 1L Flasche, die ich 2x tägl füllen und bis Mittag/Abend leeren werde)
- Brauche ich Unterstützung von jemandem? (für das ‚Wasser-Ziel' eher nicht)
- Brauche ich noch zusätzliche Informationen? (Vielleicht nachlesen, wie viel Wasser tut gut?)

Definiere das Ziel konkret (z.B. täglich 2 Liter Wasser
trinken). Setze dir Zeitspannen (bis wann das Ziel
erreicht sein soll), überlege dir, wie du deine Ziele
überprüfen kannst.

Ich habe Erfolg weil...

_____

_____

_____

_____

_____

_____

_____

_____

Schreibe deine Ziele auf, denn so erhalten sie mehr Kraft und Energie von dir.

Nimm/Lass dir pro Ziel 3-4 Wochen Zeit für die Umsetzung und komm erst dann zum nächsten Ziel.

ICH WERDE NICHT AUFGEBEN, EHE ICH MEIN ZIEL ERREICHT HABE!

KÖRPERSPRACHE

OB DU DENKST, DASS DU ES KANNST
ODER OB DU DENKST
DASS DU ES NICHT KANNST
IN BEIDEN FÄLLEN HAST DU RECHT

GEDANKEN WERDEN WAHR

(HENRY FORD)

Mit unserer Körpersprache signalisieren wir unseren
Allgemeinzustand. Man kann sehen, ob es jemandem gut geht oder nicht. Man kann auch sehen, ob
jemand Vertrauen in sich hat oder nicht. Folgende
Kapitel helfen, deine Körpersprache, dein Selbstvertrauen und letztlich auch deine Zufriedenheit zu
verbessern.

LÄCHELN

Wieso sollte man öfters lächeln? Lächeln wirkt sympathisch. Deine Körperhaltung wird dadurch automatisch positiver, offener. Du wirkst aufgeschlossener.

Aber wie Lächeln, wenn du grad nichts zu Lachen hast? Es ist bewiesen, dass der Kopf (das Gehirn) ein Verziehen des Mundes Richtung lächeln als positive Geste wahrnimmt.

Deshalb, auch wenn es dir gerade nicht zum Lächeln zu Mute ist, kannst du eine Verbesserung deines aktuellen Gefühls erzielen. Lächeln verbessert nachweislich deine Laune und das auch, wenn es (vorerst) nur gespielt ist. Dir mag es anfänglich komisch erscheinen einfach so den Mund zu einem Lachen zu verziehen.

Probiere es aus. Lächle und lächle etwas länger als nur ein bis zwei Minuten. Die Mundmuskeln und Nerven geben so dem Gehirn die Botschaft, dass es dir gut geht, dass du glücklich bist. Wenn du das Lächeln, idealerweise bis 5 Minuten durchhältst, geht es dir anschliessend viel besser. Du wirst den Unterschied spüren. Das ist eine einfache Möglichkeit sein Wohlbefinden zu steigern.

Suche dir einen Moment für dich, an dem du dein Lächeln praktizieren kannst. Es ist weniger ideal, beim Gespräch mit dem Chef darauf los zu grinsen. Das käme vermutlich nicht sehr positiv rüber. Wenn du magst, darfst du auch gerne dein Spiegelbild anlächeln.

Wenn du von Herzen ein Lächeln weitergeben kannst

ist das schönste Geschenk, dass ein Lächeln zurück-
kommt. Denn das Schöne ist: Lächeln ist ansteckend.

AUFRECHTE HALTUNG

Jemand der Selbstsicher ist, zeigt dies auch durch seine aufrechte Körperhaltung. Wer zusammengesunken
oder nach vorn gebeugt ist, demonstriert eine unter-
würfige und demütige Haltung. Deshalb müssen wir,
wenn wir Selbstbewusstsein aufbauen wollen, auch am
Körper arbeiten. Die Körperhaltung signalisiert nicht
nur nach aussen, dass man ein „Aufrechter Mensch"
ist. Wie schon beim Kapitel Lächeln erwähnt, bewirkt
das Lächeln oder hier die Haltung auch etwas im Inneren.

Was bewirkt das Aufrecht stehen / sitzen? Es verbessert deine positive Ausstrahlung. Du wirkst selbstsicherer, ruhiger und selbstbewusster. Das Atmen fällt
dir leichter, da du den Lungen mehr Raum gibst. Eine
zusammengesunkene Haltung über Jahre, kann die
Atmung negativ beeinflussen, da sich die Lungen nicht
richtig entfalten können. Wenn die Lungen aber ihren
Raum zur Atmung erhalten, verbessert sich auch deine Stimmkraft. Natürlich wirkst du so auch grösser, du
hast mehr Status in deiner Erscheinung. Neben den
positiven Bewusstseins-Effekten nimmst du generell
eine gesündere Haltung ein, davon profitiert nicht nur
die Lunge und die Stimme. Deine Muskeln und deine
Wirbelsäule sowie der Nacken sind dir sicher dankbar,
dass du deinen Körper aufrecht hältst.

Überprüfe im Alltag immer wieder deine Haltung. Richte dich auf und lass die Schultern nicht nach vorne hängen. Nur schon durch deine Aufmerksamkeit auf deinen Körper, wirst du bereits eine Verbesserung der Haltung erreichen. Stehe gerade und verteile dein Körpergewicht gleichmässig auf deine Füsse.

Wenn du sitzt, mag es helfen, wenn du vorne an der Stuhlkante Platz nimmst. Nimm aber so Platz, dass es dir auch wohl dabei ist. Beide Füsse sollten wieder auf dem Boden stehen und das Gewicht gleichmässig auf deine Sitzhöcker verteilt sein. So nimmst du automatisch eine aufrechtere Haltung ein. Am Anfang,wird dir diese Haltung ungewohnt erscheinen und vielleicht auch anstrengend. Das ist, weil sich deine Muskeln nicht daran gewöhnt sind. Bleibe aber dabei und korrigiere dich im Laufe des Tages immer wieder. Es lohnt sich auf jeden Fall, da du nicht nur deiner Ausstrahlung, deinem Selbstbewusstsein, sondern auch deinem Körper etwas Gutes tust.

ANDERE KÖNNEN DICH VIELLEICHT
TEMPORÄR STOPPEN
DICH PERMANENT STOPPEN
KANNST ABER NUR DU SELBER

(ZIG ZIGLAR)

ÜBUNG:

Stelle dich vor den Spiegel. Dann korrigiere, richte dich auf. Denke dir dabei, dass eine Schnur an deinem Scheitel angemacht ist und dich nach oben zieht. Sieh dir die Veränderung im Spiegel an, wie wirkst du? Siehst du dass sich etwas verändert hat? Welche Haltung gefällt dir besser? Und nun lass die Schnur noch etwas mehr ziehen, so dass deine Haltung extrem wird. Beobachte dich dabei. Dann lass dich zusammenfallen. Krümme deinen Rücken, lass deinen Kopf leicht hängen und nimm eine demütige, schuldige Haltung ein. Was siehst du? Wie fühlt es sich an? Gehe zurück in deine erste aufgerichtete Haltung. Spüre deinen Körper, wie es sich anfühlt. Präge dir die Haltung gut ein, damit du dich bei der täglichen Korrektur genau so hinstellen kannst. Vielleicht ist es noch etwas ungewohnt oder sieht unnatürlich aus. Aber keine Angst, das siehst nur du und wird sich legen.

Übrigens: Kinder lernen durch Nachahmung. Was meinst du wird passieren, wenn du dich immer gerade hinstellst und hinsetzt? Genau: Deine Kinder kopieren deine Haltung und richten sich automatisch auf. Indem DU dich anstrengst und etwas bei dir veränderst, hilfst du auch deinen Kindern, bei ihnen etwas zu verändern. Teenager sind da eine Ausnahme, es gibt eine gewisse Zeit, da lümmeln sie auf dem Sofa herum wie halb eingerollte Bettdecken. Da nützt dein Vorbild wenig. Aber warte ruhig ab, normalerweise und zum Glück verändert sich diese Einstellung und Körperhaltung mit der Zeit wieder.

MACH DIR
SELBER KOMPLIMENTE

BEI JEDEM ATEMZUG
STEHEN WIR VOR DER WAHL
DAS LEBEN ZU UMARMEN
ODER AUF DAS GLÜCK ZU WARTEN

(ANDREAS TENZER)

Das Thema Komplimente annehmen haben wir schon besprochen. Nun geht es darum, dass auch du dich selber mit Komplimenten beschenken kannst. Jeder Mensch hört gerne wie toll er ist. Und das Beste daran ist, dass solche Aussagen auch wirken, wenn man sie zu sich selber sagt.

Du hast sicher auch schon Sätze wie diese gedacht

- Was habe ich da jetzt schon wieder angestellt
- Musste das jetzt sein
- Ich habe wieder überhaupt nichts überlegt
- Mensch bin ich doof
- Wie konnte mir das nur wieder passieren
- usw.

Genau diese Sätze werden ab sofort aus deinem Repertoire gestrichen. Denn auch solche Sätze wirken: Sie wirken negativ auf deinen Selbstwert.

Mach dir Komplimente, wie z.B.

- Toll, wie ich heute wieder aussehe
- Die Frisur steht mir einfach ausgezeichnet
- Ich habe die schönsten Füsse der Welt
- Ich liebe meine strahlenden Augen
- Wow, mein Po kann sich sehen lassen
- Der Pulli steht mir sehr gut
- Schön, dass ich immer so kreativ bin
- Super, dass mir das Backen so gut gelingt
- Diese e-Mail habe ich einmalig gut verfasst
- Das soll mir mal jemand nachmachen
- Ich bin eine Göttin / wie ein griechischer Gott
- Das heutige Essen ist mal wieder köstlich
- So gut parkieren kann sonst niemand
- Ich bin sowas von charmant
- Ich bin ein grossartiger Mitarbeiter
- Ich bin eine grossartige Mitarbeiterin
- Ich bin die beste Mutter der Welt
- Ich bin der beste Vater der Welt
- usw.

Du kannst dir die Komplimente auch aufschreiben und über den Tag mitnehmen. Die grösste Wirkung haben die Komplimente, wenn du sie dir laut sagst und wenn du dabei noch in den Spiegel schaust umso besser. Probier das mal aus, geh vor den Spiegel und sage dir etwas Nettes.

Tut gut, oder?!

KOMPLIMENTE IN DER FAMILIE

DEINE ERSTE PFLICHT IST
DICH SELBST GLÜCKLICH ZU MACHEN
BIST DU GLÜCKLICH
SO MACHST DU AUCH ANDERE GLÜCKLICH

(LUDWIG ANDREAS FEUERBACH)

In der Familie ist man geschützt und behütet. Kinder hören aber oft 1000 mal am Tag was sie alles falsch machen oder was sie erledigen müssen. Das ist für die Kinder oft sehr unangenehm. Als Eltern muss man schauen, dass gewisse Richtlinien eingehalten werden. Kinder müssen erst lernen in der Gemeinschaft Familie ihren Platz einzunehmen und auch, dass jeder seinen Teil beitragen muss, damit das Unternehmen Familie gut funktioniert.

Damit aber die Kinder und auch die Erwachsenen etwas anderes hören als nur du sollst und musst, macht mit ihnen eine Komplimenten-Runde. Es ist einfacher das in die Familie mit kleinen Kindern einzuführen als mit Teenagern. Doch auch da ist es möglich, man muss einfach die weniger aufbauenden Kommentare ausblenden.

PRAKTISCHE UMSETZUNG

Wie kann so eine Komplimentenrunde aussehen? Ihr setzt die Regeln fest wie bei einem Spiel. Jeder sagt jedem in der Reihenfolge ein Kompliment, ein lieber Satz, einfach etwas Positives. Es darf nichts Negatives, nichts Lächerliches, nichts Gemeines oder Abwertendes gesagt werden, sonst wird die Person vom Spiel dispensiert. Dann werden ihr keine Komplimente gesagt, aber auch keine negativen Kommentare. Am Anfang ist es recht schwierig und man merkt, wie wir es uns nicht gewohnt sind, anderen liebe Sachen zu sagen. Kinder widerholen oft, was die vorherige Person gesagt hat. Das ist in Ordnung, man kann sie auch fragen, ob sie ev. zusätzlich noch etwas wissen. Alle positiven Aussagen werden bestätigt. Am besten wären Aussagen, die auf Taten abzielen, wegzulassen. Doch das wird anfänglich für die Kinder (und Erwachsenen) recht schwierig. Mit der Zeit ist es aber möglich, sich nur auf Komplimente, die Person betreffend zu beschränken. Wir wollen keine Lob-Sucht wecken, wie in Kapitel „Gedanken über Lob und Belohnung" beschrieben.

Wir machen dieses Spiel oft in der Familie z.B. wenn wir beim Autofahren Zeit miteinander haben oder manchmal auch einfach am Frühstückstisch.
Mit der Zeit werden dann die Aussagen kreativer und vielfältiger. Es fällt allen leichter, liebevolle und schöne Dinge zu sagen.

Es tut jedem gut, wenn er Komplimente erhält und dass ist eine einfache Möglichkeit auch Kindern Komplimente zu äussern beizubringen. Sie lernen andere Menschen wertzuschätzen und spüren, dass auch sie wertgeschätzt werden.

Das alles führt zu einem gesunden Selbstbewusstsein.

Was könnte denn so alles gesagt werden?

- Ich finde dich toll / Ich liebe dich / Du bist mein Schatz
- Super, wie du letztes Mal Mut bewiesen hast, als du etwas Neues ausprobiert hast
- Ich mag dich, weil du bist, wie du bist
- Du bist der tollste Bruder / Vater / Schwester / Mutter der Welt
- Danke, dass du unsere Tochter / Sohn bist
- Du bereicherst unser Leben
- Es ist schön, wenn du fröhlich bist, mir gefällt das
- Du hast so ein schönes Lachen
- Du hast so schöne Augen
- Ich bewundere, wie du zu deiner Schwester / Bruder gehalten hast, das war sicher nicht leicht
- Kürzlich ging etwas schief und du hast nicht aufgegeben, bis es geklappt hat. Das finde ich stark.

selbstbewusstsein kann man trainieren

SELBSTBEWUSSTSEIN KANN MAN LERNEN / TRAINIEREN

WIR SIND, WAS WIR DENKEN

ALLES, WAS WIR SIND
ENTSTEHT AUS UNSEREN GEDANKEN

MIT UNSEREN GEDANKEN
FORMEN WIR DIE WELT

(BUDDHA)

Selbstvertrauen gewinnt man dadurch, dass man genau das tut, wovor man Angst hat. Auf diese Weise sammelt man eine Reihe neuer Erfahrungen. Du hast vielleicht Angst, alleine mit der Bahn in die Stadt zu fahren. Überlege dir, was denn das Schlimmste wäre, das passieren könnte. Wie wäre es für dich, wenn das Schlimmste eintreffen würde? Brauchst du wirklich Angst zu haben?

- Du könntest den Zug verpassen
- Du könntest in den falschen Zug steigen
- Du könntest keine Sitzplatz finden
- Du könntest dein Billett verlieren
- Du könntest angesprochen werden usw.

Sind diese Dinge wirklich so schlimm?

Versuche dir die Fahrt vorgängig vorzustellen. Bastle dir eine „Zugfahrt-Geschichte" mit tollem Ausgang und fühle dich richtig hinein, wie es sein könnte, wenn du die Fahrt geschafft hast. Fühle, wie gut und selbstbewusst du dich fühlst.

Du kannst dir einen Morgen aussuchen, um die Reise zu unternehmen. Du fährst tagsüber, wenn auch viele andere Menschen mit der Bahn fahren. Du bereitest dich vor, schaust, wann der Zug fährt, kaufst dir dein Billett und lässt dich dabei nicht stressen. Wenn du ein Anflug von Angst verspürst, atme tief in deinen Bauch.

So kannst du deine Angst überwinden und etwas Neues wagen. Das Resultat wird toll, du fühlst dich gut, selbstbewusst und weißt, dass du im Prinzip alles kannst. Nimm dieses Gefühl von „Yeah, ich hab's geschafft in dich auf"!

Für manche kann das Beispiel mit der Zugfahrt vielleicht lächerlich erscheinen, doch das ist es nicht. Es gibt viele Leute, die das nie alleine wagen würden. Aber du darfst gerne auch an einer anderen Angst von dir arbeiten. Gehe genau gleich vor.

- Setze dich mit der Angst auseinander
- Vielleicht fragst du dich woher sie kommen mag
- Was ist das Schlimmste, das passieren kann und ist es wirklich so schlimm
- Ist die Angst grundsätzlich berechtigt
- Träume die Angst-Situation und setze sie in ein positives Licht mit einem erfolgreichen Ausgang für dich
- Spüre die Kraft, die du erhältst, wenn du an „ich

hab's geschafft" denkst
- Bereite dich auf die Situation vor
- Und dann tu's einfach
- Nimm das Gefühl von „Yeah, ich hab's geschafft in dich auf"!
- Behalte das Gefühl in dir und erinnere dich immer wieder, wie du es gepackt hast

SELBSTVERTRAUEN
GEWINNT MAN DADURCH
DAß MAN GENAU DAS TUT
WOVOR MAN ANGST HAT
UND AUF DIESE WEISE EINE REIHE
VON ERFOLGREICHEN ERFAHRUNGEN
SAMMELT

(DALE CARNEGIE)

ABGRENZUNG

GLAUBE NICHTS
WEIL EIN WEISER ES GESAGT HAT
GLAUBE NICHTS
WEIL ALLE ES GLAUBEN
GLAUBE NICHTS
WEIL ES GESCHRIEBEN STEHT
GLAUBE NICHTS
WEIL ES ALS HEILIG GILT
GLAUBE NICHTS
WEIL EIN ANDERER ES GLAUBT
GLAUBE NUR DAS
WAS DU SELBST ALS WAHR ERKANNT HAST

(BUDDHA)

Es ist deine Aufgabe für dich zu sorgen. Jemand anderes kann nicht in dich hineinsehen. Niemand kann erkennen, ob du bereits völlig überfordert bist oder ob es dir gut geht. Deshalb ist es sehr wichtig, dass du dich und deine Bedürfnisse kennst. Dass du für deine Bedürfnisse einstehen kannst, dass du um etwas Bitten kannst oder auch, dass du Nein-sagen kannst.

Wer nicht nein sagen kann, befürchtet Liebesentzug oder Ablehnung. Die Person fühlt sich schuldig, für was sie getan oder unterlassen hat. Sie will andere Menschen nicht enttäuschen, vor den Kopf stossen, möchte nicht egoistisch wirken. Dabei vergisst sie sich selber. Sie vergisst ihre eigenen Wünsche, Bedürfnisse und Ziele. Es ist eine falsche Art Anerkennung und Harmonie zu suchen. Wer nicht nein sagen kann, lebt einseitig und vernachlässigt sich selber. Denn wer alles mit sich machen lässt, wird von anderen nicht geachtet und auch nicht richtig wahrgenommen. Es ist alles selbstverständlich und nicht der Rede wert. Ein Danke wird diese Person kaum erhalten obwohl sie alles macht um Danke und Anerkennung zu erreichen. Dann strengt sie sich noch viel mehr an, tut noch viel mehr für andere Menschen und kriegt trotzdem kein Lob und keine Wahrnehmung. Auch hier befindet sie sich wiederum in einem Teufelskreis, wenn sie nicht selber merkt was los ist, dreht sich der Kreis immer weiter und sie wird immer schuldiger und unglücklicher.

Ein Beispiel dazu. Eine Bekannte, nennen wir sie Mary, aufgewachsen in einer Familie wo (wie es früher üblich war) nur die Männer etwas gelten, befindet sich genau in diesem Teufelskreis. Sie ist eine von 3 Töchtern neben den zwei hochgepriesenen Brüdern. Ihre ältere Schwester ist leicht körperlich beeinträchtigt und die jüngere Schwester ist ausgewandert. In der Familie ist es so: Wenn die ältere Schwester etwas braucht, zum Arzt muss oder auch eine simple Einladung ausgesprochen hat, hilft Mary immer mit. Wenn jemand etwas braucht oder selbst die Wohnung nicht ganz sauber ist, wer steht stets zur Stelle? Klar, unsere Mary. Wenn es aber darum geht, wer, was, wie in der Familie gemacht hat, werden nur die Männer erwähnt. Mary rackert sich ab, hilft wo sie kann und das obwohl sie eigentlich selber Familie hat.

Seit Jahren hilft keiner der Brüder der älteren Schwester. Sie gehen ab und zu auf Besuch aber sie tun wenig für sie. Alles was Aufwand bedeutet, wird direkt oder indirekt an die Schwester delegiert. Als die Eltern sterben, haben selbstverständlich alle geerbt. Mit erster Priorität die Männer, an zweiter Stelle die Frauen und an letzter Stelle mit einem lächerlichen Betrag unsere Mary. Ist klar, denn einerseits fühlt sie sich schuldig, dass sie körperlich keine Behinderung hat, andererseits ist sie kein Mann und drittens kennt sie seit ihrer Kindheit nichts anderes. Aber was meint ihr, wie sieht es in ihrem Leben aus? Bekommt sie Anerkennung für ihre Leistungen? Nein, kaum. Sie wird regelmässig vergessen. Ach ja, die Brüder haben kürzlich geholfen ein Weihnachtsessen zu kochen. Dass Mary vorgängig da war, um die Wohnung zu putzen, alles vorzubereiten, den Tisch zu decken und beim Essensservice helfen, plus den Abwasch machen, das wurde vergessen. Mary fühlt sich schuldig, hat keinen Selbstwert und dauernd Schuldgefühle. Was meinst du, welche Ereignisse sie in ihrem Leben anzieht? Genau das, was sie von sich selber hält. Sie wird beim Erbe mehr als einmal übergangen und auch sonst kaum erwähnt. Tragisch, aber leider wahr. Kann Mary geholfen werden? Nein, denn nur wenn sie ihre Situation selber erkennt, kann sie etwas ändern. Wenn man etwas sagen würde, würde sie es nicht verstehen und vermutlich bemerken, dass es ihr in ihrem Leben gut geht. Das mag stimmen, ist aber nicht ganz korrekt, wenn man alles sieht.

Solange man sich jedoch im Rad dreht, sieht man es

nicht. Du liest dieses Buch, das heisst, du hast erkannt, dass im Leben Veränderungen möglich sind. Du hast erkannt, dass du dein Leben selber steuern kannst. Diese Erkenntnis ist sehr wertvoll und wir wünschen dir dabei eine gute Umsetzung! Wir werden Mary und ihre Geschichte nicht als gut oder böse werten, es ist ihr Leben und ihre Entscheidung. Aber du und wir machen es aus unserer Sicht besser!

Noch ein weiterer Gedankengang zu Mary. Falls sie ab sofort ihre Brüder mehr einbinden und ihrer Schwester nicht alles abnehmen würde, wie meint ihr, würden die Geschwister reagieren? Klar, sie würden sie das erste Mal richtig wahrnehmen, weil sie nicht das tut, wie gewohnt. Wenn sie nein sagen und sich zurückziehen würde, würde sie vermutlich als egoistisch und trotzig betitelt werden. Aber immerhin, sie würde wahrgenommen werden. Mit der Zeit würde es sich normalisieren. Die Frage ist bloss: Will man mit dieser Familie weiter eng verkehren, wenn sie einem doch nur ausnutzt? Vielleicht ändern sich die Verhaltensweisen der Familienmitglieder. Wenn Mary sich ändert, muss zwangsläufig auch bei den anderen etwas passieren und vielleicht haben die dann auch eine Chance etwas zu tun. Mary hat immer alles getan, vielleicht hatten die anderen gar nie die Chance selber etwas zu helfen. Deshalb ist es sehr gefährlich diese Situationen und Begebenheiten zu werten. Es ist meistens anders als man denkt. Dennoch hat Mary die Karte der „Dienstmagd" gezogen und gelebt. Mit mehr Selbstvertrauen und Erkenntnis ihrer eigenen Bedürfnisse, sähe ihr Leben anders aus. Doch es ist, wie es ist.

DIE FÄHIGKEIT
DAS WORT NEIN AUSZUSPRECHEN
IST DER ERSTE SCHRITT ZUR FREIHEIT

(NICOLAS CHAMFORT)

Es ist wichtig, dass du dir selber vertraust, so kannst du in deinem Leben etwas ändern. Wenn du dir vertraust, traust du auch Dinge zu tun, neue Erfahrungen zu sammeln, lernen, dass die Welt nicht untergeht, wenn dich der Kollege doof findet, nur weil du einmal nein gesagt hast. Im Übrigen findet dich der Kollege nicht grundsätzlich doof und vielleicht findet er dich auch nicht doof, weil du nein gesagt hast, aber du denkst es.

VERTRAUEN:

Du bist die Person, die

- dich am besten kennt
- die immer da ist in guten wie in weniger guten Zeiten
- deine wahren Interessen vertreten kann
- deine wirklichen Bedürfnisse kennt
- deine Stärken und Schwächen kennt
- deine Gefühle wahrnimmt
- deine eigenen Ziele formuliert
- die sicher immer bleibt, egal was passiert

Deshalb bist du die wichtigste Person in deinem Leben. Geht es dir gut, geht es auch deinem Umfeld gut. Stell dir nur vor, dir als Mama oder Papa geht es schlecht, so dass du z.B. ins Krankenhaus musst. Wie wird es da wohl deiner Familie gehen? Sie machen sich sorgen, du fehlst zu Hause, wer kümmert sich um alles? Natürlich gibt es da immer Lösungen, doch Mama oder Papa kann niemand ersetzen. Deshalb ist es auch nicht egoistisch gedacht, wenn man schaut, dass es sich selber gut geht. Es ist sogar immens wichtig zu schauen, dass es dir gut geht! Bitte tu es!

Stelle deine Interessen in den Vordergrund. Es ist gut, in gewissen Situationen an dich selbst zu denken um dir, deiner Familie und deiner Arbeit gerecht zu werden. Indem du diese Ängste und Gefühle aushältst, lernst du Stück für Stück mehr Selbstvertrauen.

DEINE ERSTE PFLICHT IST
DICH SELBST GLÜCKLICH ZU MACHEN
BIST DU GLÜCKLICH
SO MACHST DU AUCH
ANDERE GLÜCKLICH

(LUDWIG FEUERBACH)

FEHLER

ALLE HINDERNISSE
UND SCHWIERIGKEITEN
SIND STUFEN AUF DENEN WIR
IN DIE HÖHE STEIGEN

(FRIEDRICH NIETZSCHE)

Was sind Fehler? Wenn man etwas nicht richtig macht? Wenn man etwas macht, das man später bereut? Was sind für dich Fehler? Gibt es Fehler in deinem Leben, die du gerne rückgängig gemacht hättest? Wieso? War die Konsequenz wirklich so schlimm? Was stellst du dir vor, wäre gewesen, wenn du den Fehler nicht begangen hättest? Wäre es heute besser? Kannst du das mit Sicherheit sagen? Oft ist es so, dass die Resultate aus Fehlern über lange Sicht gesehen, gut ausgegangen sind. Kannst du das auch sagen? Weshalb stört dich dann der Fehler noch? Und überhaupt, wer sagt, dass es ein Fehler war? Wer hat das Recht über richtig und falsch, also über Fehler und kein Fehler zu richten? Wir glauben, dass es grundsätzlich keine Fehler gibt. Egal was du gemacht oder bewusst unterlassen hast: Irgendwie hatte es einen Grund.

Kinder gehen in die Schule und machen Fehler. Weshalb machen sie Fehler? Weil sie noch lernen und nicht alles wissen. Wissen wir schon alles? Müssen wir nichts mehr lernen? Im Gegenteil: Das Leben besteht aus Lernen, Erfahrungen sammeln und Wissen aneignen.

Demnach sind Fehler das Normalste der Welt. Schade, dass sie so stark negativ gewichtet werden. Denn Fehler helfen uns weiter. Vielleicht sollten wir Fehler nicht mehr als negatives Wort ansehen. Denn Fehler heisst Weiterentwicklung, Weiterkommen, Veränderungen vornehmen.

Schade, dass Fehler im negativen Sinn soviel Aufmerksamkeit bekommen. Legen wir doch den Fokus auf das was gut läuft. Was alles gut gemacht wurde. Bei einer Prüfung erhält ein Kind 18 von 23 Punkten. Das ist doch absolut toll, es hatte 18 Fragen richtig beantwortet. Weshalb reiten wir dann auf den läppischen fünf Fehlern herum?

Wir denken, das Wertesystem in unserer Gesellschaft ist zum grossen Teil verantwortlich für die Minderwertigkeitsgefühle der Menschen. Das Feuer, der Minderwertigkeitskomplex wird geschürt. Der Vorteil ist, dass Leute mit wenig Selbstvertrauen leicht manipulierbar sind. Willst du manipulierbar sein? Dann verabschiede dich von deinen so genannten Fehlern der Vergangenheit. Konzentriere dich auf was du hast, sei im Jetzt und freue dich auf eine schöne Zukunft. Diese Einstellung hilft dir vielmehr als an etwas Altem zu hängen, dass du sowieso nicht ändern kannst und dir viel Kraft raubt.

Nochmal, Fehler passieren - das ist völlig normal.

LEBE IM HIER UND JETZT
DANN VERSCHWINDET DAS LEID
DER VERGANGENHEIT

(LISSY GÖTZ)

ÜBER LACHEN UND KRITIK

DENN AN SICH IST NICHTS
WEDER GUT NOCH BÖSE
DAS DENKEN MACHT ES ERST DAZU

(WILLIAM SHAKESPEARE)

LACHEN

Damit ist nicht, wie im Kapitel Körpersprache das Lächeln gemeint, sondern das Lachen über sich selber. Nimm dich nicht allzu ernst. Versuch nicht bei anderen einen unfehlbaren Eindruck zu hinterlassen. Perfekte Menschen gibt es nicht und sie wären vermutlich auch nicht allzu beliebt. Jemand mit Ecken und Kanten ist wie man selber ist. Wenn man merkt, dass andere auch Fehler machen, dass sie ebenfalls ihre Schwierigkeiten und Nöte haben, werden sie einem viel sympathischer, denn so sind sie einem ähnlich. Nimm eine unverkrampfte Haltung ein und stell dich deinen Ängsten mit einem Augenzwinkern. Was soll schon passieren?

BEISPIEL

Du darfst einen Vortrag halten und hattest davor schon einige schlaflose Nächte. Ein bisschen Lampenfieber ist normal und auch gut. Das haben auch Theaterprofis. Schlaflose Nächte hingegen schwächen dich. Meistens drehst du im Kreis und deine Gedanken kommen nicht zur Ruhe. Was ist das Schlimmste, das dir passieren könnte? Ja, du könntest den Faden verlieren. Gut, wäre das so schlimm?

Versuch es mit Humor zu nehmen. Wenn du dich wirklich vor Nervosität versprichst, korrigiere dich mit einem humorvollen Lächeln. Jeder andere ist froh, dass er nicht da vorne stehen muss und jeder fühlt mit dir bei einem Versprecher. Du darfst dich korrigieren und wenn du dies mit Charme oder Humor tust, gewinnst du die Herzen der Zuhörer.

Humor hat eine deeskalierende Wirkung. Du brauchst keine Angst zu haben, denn du weißt ja schliesslich wovon du sprichst. Du bist die Person, die über den Vortrag Bescheid weiss, niemand wird dir dreinreden. Es ist dein Thema, darin bist du gut, konzentriere dich auf das Thema und nicht auf die Anwesenden. Die anfängliche Verkrampfung löst sich so schnell ins Nichts auf, denn du bist hier der Experte.

ICH BIN WIE ICH BIN
DIE EINEN KENNEN MICH
DIE ANDEREN KÖNNEN MICH

(KONRAD ADENAUER)

KRITIK

GEH DEINEN WEG
UND LASS DIE LEUTE REDEN!

(DANTE ALIGHIERI)

Falls du Kritik empfangen solltest, nimm diese nicht persönlich. Konstruktive, gute Kritik verbessert die Qualität deiner Arbeit. Sie erweitert deine Perspektive. Betrachte sie als Bereicherung. Auf keinen Fall werte sie als Angriff auf deine Person. Wenn es sich um keine konstruktive sondern verletzende Äusserung handelt, dann reagiere nicht. Die Person, welche dich bösartig kritisiert, hat meistens selbst ein Problem mit diesem Thema. Deshalb frage dich, kann es wahr sein, was die Person gesagt hat? Stimmt das für mich?

Versuche die Aussage nicht zu werten und auch die Person nicht zu werten.
Jeder hat etwas Gutes an sich. Menschen verletzen Menschen, das geht aber nur, wenn wir es zulassen. Deshalb auch hier, grenze dich ab.
Du musst wissen, was berechtigt ist und was nicht. Es braucht keine Reaktion deinerseits, denn so vermeidest du in das Kindliche dich Rechtfertigende zu verfallen. Das ist nicht nötig. Eine Kritik ist entweder richtig und konstruktiv oder sie gehört nicht zu dir – Punkt.

IM LEBEN GIBT ES ETWAS SCHLIMMERES
ALS KEINEN ERFOLG ZU HABEN

SCHLIMMER, ALS KEINEN ERFOLG IST
NICHTS UNTERNOMMEN ZU HABEN

(FRANKLIN DELANO ROOSEVELT)

BEDÜRFNISSE

Äussere deine Wünsche. Damit zeigst du, dass du weißt was du willst. Du zeigst, dass du Interessen hast. Du sorgst dafür, dass du nicht übergangen oder vergessen wirst. Und im übrigen sind die meisten Menschen froh, wenn man ihnen sagt, was man gerne hat. Auch in der heutigen Zeit ist das „Ablesen von den Augen" oder das „einfach Wissen" nur Gaben von Überirdischen. Jeder normale Mensch braucht da noch Unterstützung!

Sprich Punkte und Themen an. Vielleicht kostet es am Anfang Überwindung, doch du stehst für dich ein. Danach wirst du stolz auf dich sein, die Resultate werden sich sehen lassen.

Du weißt sicher wie es sich anfühlt, wenn man übergangen oder vergessen wird. Du weißt vermutlich auch wie es ist, wenn man etwas erhält, was man gar nicht möchte. Dein Wunsch wäre vermutlich auch erfüllbar gewesen, da aber niemand davon wusste, bekommst du halt das was du bekommst. Deshalb wehre dich für dich. Wenn du früh genug sagst, was du brauchst oder willst, wirst du es tendenziell auch bekommen.

Dazu ein Beispiel:
Eine Bekannte wollte mir etwas schenken und fragte, woran ich denn Freude hätte.
Was würdest du auf diese Frage antworten? Die meisten Menschen würden wohl entgegnen: „Aber nein, du musst mir doch nichts schenken!"
Ja, die Person *muss* nicht, wird es aber mit grosser

Wahrscheinlichkeit dennoch tun. Sie will dir eine Freude machen.

Ich sagte, dass ich gern Rosmarin für meinen Kräutergarten hätte. (Den wollte ich schon länger, bin aber bisher nicht dazu gekommen, ihn zu kaufen. Rosmarin ist preislich absolut vertretbar, da sehr preiswert. Darauf solltest du übrigens achten, wenn du einen solchen Wunsch aussprichst: Dass er vernünftig und erschwinglich ist.)

Meine Bekannte war überrascht, hatte mit einer ‚du brauchst mir doch nichts schenken - Floskel' gerechnet.

Ich habe den Rosmarin erhalten und mich sehr darüber gefreut. Die Bekannte war ebenfalls zufrieden, dass sie mir eine Freude machen konnte. So haben beide gewonnen. Manchmal muss man einfach Mut haben, Wünsche und Bedürfnisse auszusprechen. Das gilt übrigens auch in der Partnerschaft. Verlange nicht von deinem Partner, dass er dir deine Wünsche von den Augen ablesen kann.

KÖRPERSPRACHE

Setze deine Körpersprache gezielt ein. Diese Thema hatten wir bereits, doch da gibt es noch ein paar zusätzliche Inputs. Mach dich vor anderen nicht klein, gönne dir deinen Auftritt. Verzichte auf nervöse Gesten wie z.B. durchs Haar streichen, an der Oberlippe kauen, ev. sogar die Nägel, bringe dich zur Ruhe. Wenn du erst mal ruhig bist, wirst du auch Ruhe und Gelassenheit ausstrahlen. Das wirkt dann wieder sehr kompetent. Ruhe finden kannst du indem du dich mit den Füssen gut erdest. Indem du in deinen Bauch atmest, dabei vielleicht kurz die Augen schliesst und dir Ruhe befiehlst. Atme Ruhe ein, sei ruhig. Dann gönn dir ein Lächeln und so wirst du „auftreten". Lächle unverkrampft und wenn du mit jemandem im Gespräch bist, schau deinem Gegenüber in die Augen. Trainiere die im Kapitel Körpersprache genannten Powerposen wie Lächeln, aufrechte Haltung im Stehen, Sitzen usw.

FREUNDE

DER BESTE WEG
EINEN FREUND ZU HABEN
IST DER, SELBST EINER ZU SEIN

(RALPH WALDO EMERSON)

Freunde zu haben ist sehr wichtig. Doch es gibt verschiedene Arten von Freunden und manchmal begleiten sie uns auch nur eine gewisse Zeit durch das Leben. Das ist in Ordnung. Das Leben verändert sich und nicht alle Menschen gehen den gleichen Weg. Deshalb ist es manchmal auch notwendig, gute Freunde ziehen zu lassen. Sei dankbar für die Zeit, die ihr miteinander verbracht habt. Sei dankbar für das, was du erhalten und was du gegeben hast.
Neue Freunde folgen.

Umgib dich unbedingt mit Menschen, die dich aufbauen. Menschen, denen du vertrauen kannst, die
dich unterstützen, fördern und die dich so nehmen
wie du bist. Menschen, die nicht werten, die sehen,
dass jeder Mensch etwas Gutes hat. Suche dir richtige Freunde, auch wenn es nur wenige sind, das sind
die Menschen, die jederzeit zu dir stehen. Sie stärken
dich indirekt und du stärkst sie. Arbeite an deinen Beziehungen und baue Beziehungen auf. Es ist wichtig,
Freunde zu haben, sie zu pflegen und gemeinsam
Freude zu erleben.

WIR DÜRFEN UNS NICHT
DURCH DIE
BEGRENZTEN VORSTELLUNGEN
ANDERER LEUTE
DEFINIEREN LASSEN

(VIRGINIA SATIR)

ERWARTUNGEN

Duden:
Vorausschauende Vermutung, Annahme, Hoffnung

Es gibt zwei Arten von Erwartungen.
Die Erwartungen an sich selbst und jene, die von aussen angenommen werden. Wenn wir ehrlich sind, würden wir keinem unserer Kinder oder Freunden die gleichen Erwartungen auferlegen, wie wir sie von uns abverlangen. Wir würden sagen, das ist unmenschlich. Weshalb verlangen wir es dann von uns? Das hängt wieder mit dem Leistungs- und Anerkennungsgedanken der Gesellschaft und aus der Kindheit zusammen.

Diesen Gedankenmustern werden wir jetzt für immer kündigen. Schreibe auf:

Kündigung

Ab sofort lasse ich alle mir nicht mehr dienlichen Leistungs- Anerkennungs und Erwartungshaltungen los. Ich kündige sämtlichem Druck, der von mir oder von anderen auferlegt wurde. Ich kündige allen Schuldgefühlen, Unterordnungen und dem „es allen Recht machen".
Ab sofort und jetzt bin ich frei, bin ich mich selber und weiss was mir gut tut.

Ich lasse jetzt und für immer los und bedanke mich für die Erfahrungen, die ich machen durfte.

Ich habe gelernt, was es zu lernen gab und jetzt ist es gut und genug!

Ich bin für immer und ewig frei, frei, frei!

Datum und Unterschrift

Am besten gönnst du dir später, wenn möglich heute noch, einen kleinen Spaziergang alleine. Nimm das Kündigungsschreiben mit. Irgendwann auf dem Weg kannst du es noch einmal durchlesen und dann verbrenne es und lasse alles los.

Nun noch ein paar Worte zum Erwartungsdruck von aussen. Wir haben ihm ebenfalls gekündigt.
Wichtig ist nun, dass du dir ab jetzt keinen Neuen mehr auferlegen lässt.

Grenze dich ab, sei bei dir und entscheide für dich was du willst und was du nicht willst.

Dann haben wir die Problematik, dass die Menschen oft gar nicht wissen was sie wirklich wollen. Wie sieht es bei dir aus? Weißt du was du willst?

Wenn nicht, dann beginne damit zu notieren, was du sicher nicht willst. Das ist im Normalfall recht einfach. Schreibe es auf, denn dann siehst du eher was du denn willst.

Denke daran, dass du dich nicht auf die Dinge, die du nicht willst versteifst, denn so gibst du ihnen Energie und womöglich ziehst du sie an.

Das Aufschreiben soll dir lediglich das Erkennen „was du willst" erleichtern. Wirklich wichtig ist dann das was du willst aufzuschreiben und zu behalten. Darauf willst du in Zukunft deine Energie richten und auf nichts anderes.

Den Zettel mit den Notizen von den Dingen, die du nicht willst, darfst du vernichten. Am Besten verbrennst du ihn.

WER SICH NICHT ENTSCHEIDEN KANN
MUSS DIE FOLGEN
DER ENTSCHEIDUNGEN HINNEHMEN
DIE ANDERE FÜR IHN TREFFEN

(UNBEKANNT)

Hinweis

Ein passender Moment für Meditation 1
(Meditation 1 für Erwachsene, Zusatzmaterial)

mein neues ich

MEIN NEUES ICH

JEDENFALLS IST ES BESSER
EIN ECKIGES ETWAS ZU SEIN
ALS EIN RUNDES NICHTS

(FRIEDRICH HEBEL)

Wer sich selber annimmt, sich selber akzeptiert, steigert ganz automatisch sein Selbstbewusstsein.
Damit ist nicht gemeint, dass wir selbstverliebte Narzisten werden sollen. Es geht um die Fähigkeit sich selbst zu erkennen und anschliessend sich selber anzunehmen. Es geht darum, dass du dich selber schätzen lernst, so wie du bist. Dass du dich trotz deiner Schwächen gern hast. Sich selber annehmen heisst nicht, dass man dann nichts mehr tun sollte, du darfst trotzdem noch an dir arbeiten. Wenn du dich selber angenommen hast, hilft es dir sehr. Du kannst dich spielend weiterentwickeln oder auch mit Kritik leichter umgehen. Du kannst ehrlich zu dir sein und hast so mehr Spass im Leben, du bist insgesamt zufriedener.

Auf dem Weg zum Selbstbewusstsein führt an der Selbstannahme und Selbstkenntnis kein Weg vorbei.

Als erstes lernst du dich besser kennen und du wirst merken, dass dein Selbstbild gar nicht so schlimm ist, wie du dachtest. Als zweites lernst du, dich anzunehmen und dadurch wirst du selbstsicherer und entwickelst mehr Selbstvertrauen. Die Selbstannahme ist die Grundlage für eine positive Veränderung.

SELBSTBEWUSSTSEIN
KOMMT NICHT DAHER
IMMER RICHTIG ZU LIEGEN
SONDERN DAHER
KEINE ANGST ZU HABEN
AUCH MAL DANEBEN ZU LIEGEN

(PETER T. MCINTYRE)

ÜBUNG 1

LIEBE DEINEN NÄCHSTEN WIE DICH SELBST

(JESUS VON NAZARETH)

Setze dich vor den Spiegel, schaue dir mindestens 5 Minuten in die Augen. Schau hin und sage nichts und versuche nichts zu denken, v.a. nicht zu werten. Nimm dich einfach an, so wie du da sitzt. Kannst du dir gut in die Augen schauen? Was für Gefühle hast du? Wenn sich schlechte Gefühle zeigen; bemerkbar machen, frage dich: Sind sie wahr? Sind sie berechtigt? Woher kommen sie?

Lasse die Gefühle einen Augenblick sein; sie gehören auch zu dir. Nimm sie an, spüre sie und dann darfst du sie loslassen

Jetzt kannst du an etwas Schönes, Liebevolles denken. Verändert sich etwas? Fällt es dir schwer oder leicht? Was siehst du im Spiegel? Wer ist das? Was wünschst du dir für diese Person?

Empfehlung: Mach diese Übung jeden Tag schweigend vor dem Spiegel. Gib dir Zeit, denn die ersten Änderungen zeigen sich erst nach ein paar Tagen.

Versuch ein paar Tage dich schweigend vor dem Spiegel anzuschauen. Wenn man z.B. das Vertrauen eines verängstigten oder scheuen Tieres gewinnen will, macht man das am Besten wenn man nur da ist. Dabei ist man ganz still, man kann in Gedanken mit dem Tier in Kontakt treten. Man muss mit der vertrauten Umgebung des Tieres verwachsen, so dass man aus Sicht des Tieres einfach dazu gehört. Schau dir das Tier an, sei wohlwollend zu ihm. Mit der Zeit kannst du auch leise, liebevoll zu ihm reden. Mit Zeit und Liebe gewinnst du sein Vertrauen.

Genau so sollst du mit dir selber in Kontakt treten. Baue zu dir selbst, zu deinem Spiegelbild ein Vertrauensverhältnis auf.

ÜBUNG 2

Nach ein paar Tagen des schweigenden Betrachtens, fange an mit dir leise und liebevoll zu sprechen. Dabei schau dir immer noch in die Augen. Knüpfe ein Band der Liebe zu dir selber.

Sage laut zu dir

- „(Name), du bist einfach ein wunderbarer und wertvoller Mensch. Du siehst gut aus, Du hast viele Stärken und auch ein paar wunderbare Schwächen. Du hast schon so viel erreicht. Ich mag dich sehr. Du hast mich all die Jahre auf meinem Weg begleitet. Du bist ein Geschenk für mich und für die ganze Welt!"

- Ich mag dich, (Name), ich finde dich gut, so wie du bist. Ich bin vollkommen und meine Talente, mein Wissen sind ausreichend.

- Ich gestehe dir Fehler und Freiheiten zu, das ist deine Persönlichkeit und ich mag und akzeptiere dich genau so wie du bist. Du bereicherst jeden meiner Tage. Mit dir zusammen bin ich nie allein.

Je schwerer es dir fällt, dir selber vor dem Spiegel in die Augen zu schauen, desto unsicherer bist du (noch). Das heisst, es ist schwierig für dich, dich selber anzunehmen. Du rennst nach wie vor einem Ideal nach, dabei sitzt das Ideal im Spiegel vor dir. Du hast es nur noch nicht erkannt.
Wir sind es gewohnt zu denken, dass erst wenn ich

besser bin, lieben mich die anderen und erst dann kann ich mich selbst lieben. Dann eines Tages ist man besser und man denkt, ich muss n o c h besser wer-den, damit andere und ich mich lieben können.

So dreht sich das Rad immer weiter und man denkt, man ist für andere nicht gut genug und für sich sel-ber schon gar nicht. Damit werden leider Defizite, Wunschträume, Zielerreichungen zur Bedingung ge-macht. Und das Perfide ist: Hat man das Ziel erreicht, reicht es trotzdem nicht. Man rennt sozusagen seinem Glück hinterher und kriegt es nie zu fassen. Und wenn man es am Zipfel erwischt, denkt man das es nicht das Richtige sein kann. In diesem Zustand denken wir stets an ein besseres Morgen. Wenn, dann... Dabei merkt man nicht, dass das heute vergeht und nicht mehr kommt. Das man die Chance, aus dem Heute etwas Tolles zu machen, verpasst hat. Denn heute ist zu die-sem Zeitpunkt schon das Gestern.

DAS LEBEN
KANN NUR IN DER SCHAU RÜCKWÄRTS
VERSTANDEN
ABER NUR IN DER SCHAU VORWÄRTS
GELEBT WERDEN

(SØREN KIERKEGAARD)

Deshalb tue dir etwas Gutes und überwinde dich, mache diese Übungen täglich. Nimm dir Zeit für dich, mache sie allein und lass dich nicht stören. Sprich laut zu dir und deutlich, denn Denken allein wirkt viel weniger stark auf dein Unterbewusstsein. Mit der Zeit geht es viel einfacher und besser. Du tust damit weitere Schritte in die richtige Richtung. Du lernst dich kennen, fasst vertrauen und baust Liebe zu dir selber auf. Wisse, dass genau die Person im Spiegel dich nie verlassen oder verraten wird. Ein wunderbarer Gedanke, nicht?

Man sagt, dass du erst andere Menschen richtig lieben kannst, wenn du dich selber liebst. Deshalb sieht es vermutlich auf der Welt so chaotisch und negativ aus. Selbstannahme und Selbstliebe scheinen ein rares Gut zu sein. Echte Liebe ist schön und gut. Deshalb ist Selbstliebe keine Ich-Sucht, sondern das Gute und Positive. Wir denken, wenn wir lernen uns selber anzunehmen und zu lieben, dass wir damit auch eine positive Veränderung in die Welt tragen.
Automatisch werden wir zu anderen auch besser sein, ihre guten Seiten sehen und sie nicht nach Äusserlichkeiten bewerten. Fangen wir bei uns damit an.

ICH WERDE LIEBER FÜR DAS GEHASST
WAS ICH BIN
ALS FÜR DAS GELIEBT ZU WERDEN
WAS ICH NICHT BIN

(KURT COBAIN)

ÜBUNG 3

1. Mach eine Bestandesaufnahme. Nimm die Liste mit deinen Stärken und Schwächen noch einmal zur Hand. Schau sie dir an, hat sich etwas verändert, musst du etwas ergänzen? Du darfst sie dir auch gerne vor dem Spiegel vorlesen. Du kannst es mit deinem Spiegelbild „besprechen", das schöne ist, die Person hört dir nicht nur aufmerksam zu, sie versteht dich und bleibt auch bis zum Schluss dabei!

2. Lobe dich! Du bist jemand, du kannst vieles, du hast vieles schon erreicht, vielleicht kannst du auch etwas besser als die anderen. Du hattest sicher schon viel Erfolg in deinem Leben, du hast schon sehr viel geleistet. Anerkenne es und dich.

   Der Satz „Eigenlob stinkt", stammt von Menschen, die andere gerne in Schach halten. Sie wollen nicht, dass jemand besser ist als sie. Wieso soll Eigenlob schlecht sein, du darfst doch sagen, was du geschafft hast. Das Licht unter den Scheffel stellen ist auch so eine veraltete Angewohnheit unserer Kultur. Das ist falsche Bescheidenheit und nutzt niemandem etwas. Verabschiede dich von solchen alten Denkmustern, sie haben ausgedient. Selbstlob ist eine wichtige Voraussetzung, sich selber zu akzeptieren. Du weißt wer du bist, was du kannst und was du alles schon erreicht hast. Sei berechtigt stolz auf dich! Gönne es dir, denn wir gönnen es dir auch!

3. Lerne deine Erwartungen kennen. Deine eigenen Erwartungen sind wesentlich wichtiger als die Erwartungen anderer. Welche Erwartungen hast du an dich? Frage dich und nimm dir Zeit dafür. Was willst du im Leben erreichen? Was sind deine Ziele? Warum? Schreibe sie dir auf. Auch wenn du das schon gemacht hast, setze dich bewusst noch einmal mit dem Thema auseinander. Oder nimm dein aktuelles Ziel zur Hand. Was hat sich schon erfüllt?

Bei alledem geht es um dein Leben und um dein Glücklich sein, das ist schon klasse genug!

DIE SCHLIMMSTE EINSAMKEIT
BESTEHT DARIN
SICH SELBST NICHT LEIDEN ZU KÖNNEN

(MARK TWAIN)

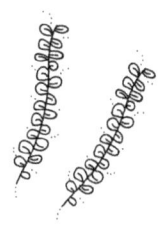

ICH NEHME MICH AN

DIE MEISTEN MENSCHEN
GEHEN NICHT AM LEBEN ZUGRUNDE
SONDERN AN EINER
UNGLÜCKLICHEN LIEBE – ZU SICH SELBST

(GERHARD UHLENBRUCK)

Du hast schon sehr viel gearbeitet. Nun nehmen wir uns Sabotage-Sätze und Sabotage-Wörter vor.
Solche Sätze und Wörter haben wir alle schon gehört, sie oft und leider sehr gerne benutzt. Aber ab heute ist damit Schluss! Indem du die Sabotage-Sätze und Wörter erkennst, kannst du sie ab sofort aus deinem Wortschatz verbannen.

„ABER"

Vermutlich eines der am häufigsten verwendeten Wörter. Es wird dann benutzt, wenn wir:
uns nicht entscheiden wollen; uns aus der Verantwortung ziehen mögen, etwas einfach nicht möchten.

- Ich würde ja gerne umziehen, aber...
- Ich könnte morgen schon verreisen, aber...
- Gerne hätte ich dies und das, aber...
- Ich käme morgen gerne mit, aber...

- Das Essen hat geschmeckt, aber...
- Ich würde gerne eine andere Stelle suchen, aber...
- Ich wünschte, ich hätte mehr Zeit zu xyz, aber...
- Ich würde auch gern so einen Kurs besuchen, aber...

Wie wirken diese Sätze auf dich? Es sind Ausflüchte. Jemand der stets das Wort aber benutzt, wird weiter jammern aber sicher nichts ändern. Verbringe deine Zeit mit jemand anderem. Und falls es dir an der Person etwas liegt und du sie so auf ihre Aber-Ausflüchte aufmerksam machst, wird sie es nicht verstehen. Deshalb nochmals, verbringe deine Zeit mit Menschen, die dich bereichern und unterstützen und dich nicht nur als Jammerabfall benutzen. Jemand der wirklich in der Klemme steckt und etwas ändern will, wird sich nicht hinter dem „aber" verstecken.

Beim Aussprechen einer Anerkennung, eines Lobes, bewirkt das Wort „aber" eine Umkehrung. Das ist kein Lob, das ist eine Korrektur.

- Du hast das gut gemalt, aber mach nächstes Mal die Striche gerade...
- Ich mag dich schon wie du bist, aber wenn du die Schuhe nicht aufräumst...
- Ich wollte schon lange mit den Kindern etwas unternehmen, aber sie haben ja kaum noch Zeit...
- Ich würde dich gerne morgen abholen, aber...
- Ich hätte dich gerne angerufen, aber deine Kinder könnten schlafen...

Wie hört sich das an? Wie fühlt sich das an? Bei manchen Sätzen wird man nicht gelobt aber getadelt und das auf eine nicht ehrliche Weise. Bei anderen Sätzen würden wir uns verschaukelt vorkommen, also auch die sind nicht ehrlich. Wenn einem solche Sätze gesagt werden, fühlt man sich nicht ernst genommen und dann ist die Frage wie soll man reagieren. Geht man dem Frieden Willen nicht darauf ein, oder erlöst man sich selber und sagt etwas mit dem Risiko, sich unbeliebt zu machen. Wir sind da natürlich für die letztere Variante, obwohl es manchmal bei gewissen Menschen besser ist zu schweigen und die Konsequenzen zu ziehen oder einfach nicht zu reagieren.

Viele Menschen sind sich ihres Gebarens nicht bewusst. Das darf man nicht übel nehmen. Am Besten bezieht man keine Stellung und lässt das „aber" bei ihnen.

Mögliche Konsequenz: Verbringe deine Zeit mit ehrlichen Menschen, die es mit dir gut meinen und dir nicht irgendetwas vorgaukeln.

ICH KENNE KEINEN SICHEREN WEG
ZUM ERFOLG
ABER EINEN SICHEREN WEG
ZUM MISSERFOLG
ES ALLEN RECHT MACHEN ZU WOLLEN

(PLATON)

„EIGENTLICH"

Wir ertappen uns auch heute noch, wie wir dieses Wort benutzen. Wir merken es, überlegen uns den Satz noch einmal und korrigieren uns dann ohne das Wort eigentlich.

Auch dieses Wort kommt im deutschen Sprachgebrauch oft zur Anwendung, v.a. wenn man etwas halbherzig meint. Wenn man nicht ganz ehrlich ist oder etwas zu mildern versucht. Man ist von seiner Aussage selber nicht überzeugt.

Eigentlich gefällt mir der Pulli nicht so gut.
Sag doch einfach, der Pulli gefällt mir nicht.

Eigentlich fahre ich gerne Ski.
Fährst du nun gerne oder nicht gerne Ski?
Entscheide dich und sei ehrlich.

Eigentlich mag ich Suppe zur Vorspeise.
Magst du nun oder nicht? Lass „eigentlich" einfach weg.

Das Wort hilft eine Aussage zu mildern ist aber überhaupt nicht notwendig. Man darf ehrlich zu sich und zu den anderen sein. Alles andere ist gekünstelt, ohne wirkliche innere Beteiligung. Jemand der solche Sätze sagt, wird nicht richtig ernst genommen.

Eigentlich hat „eigentlich" einen komischen Nachgeschmack!

SABOTAGE-SÄTZE

Die folgenden Sätze schwächen dich auch, deshalb erkenne sie und streiche sie aus deiner Wortwahl.

- Ich kann das nicht
- Ich schaffe das nicht
- Dabei war ich noch nie gut
- Ich bin nicht gut genug
- Ich bin damit schon einmal gescheitert
- Warum sollte ich
- Ausgerechnet ich
- Nur wenn..., dann
- Ich gebe auf
- Ich bin ein Versager
- Was bin ich nur für ein Trottel
- Andere sind besser als ich
- Ich tauge nichts
- Ich bin es nicht wert
- Ich verdiene es nicht, gemocht zu werden
- Ich verdiene es nicht, Erfolg zu haben
- Ich verdiene es nicht

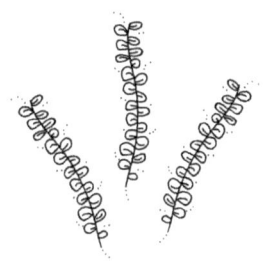

MUT IST NICHT IMMER BRÜLLEND LAUT
MANCHMAL IST ES DIE RUHIGE, LEISE
STIMME AM ENDE DES TAGES, DIE SAGT
MORGEN VERSUCHE ICH ES WIEDER

(MARY ANNE RADMACHER)

AUFGABE

Nimm diese Sabotage-Sätze zur Hand und schreibe sie um in die „ab heute so!"-Sätze.

Statt: „Ich kann das nicht", heisst es: „Ich kann das"!

Vielleicht kommen dir noch mehr solche Sabotage-Sätze in den Sinn, Sätze, die du verwendest. Es können auch deine „Lieblings ABER-oder-EIGENTLICH –Sätze" sein. Schreibe sie so um, wie sie sein sollten.

Ab heute so - Sätze:

_____

_____

_____

_____

_____

_____

_____

_____

_____

_____

übertrag auf mein kind

ÜBERTRAG AUF MEIN KIND

SELBSTVERTRAUEN IST DIE QUELLE DES VERTRAUENS ZU ANDEREN

(FRANÇOIS DE LA ROCHEFOUCAULD)

Nun geht es darum, dein Wissen und dein gewonnenes Selbstvertrauen und Selbstbewusstsein auch auf dein Kind zu übertragen. Das Kind hat während dieser Zeit bestimmt schon eine Veränderung gespürt. Es kann sie nicht benennen, hat aber bemerkt, dass etwas anders geworden ist. Für das Kind ist es nicht wichtig, den Grund zu wissen, solange es ein gutes Gefühl hat. Nun kommt dir oder euch Eltern eine wichtige Aufgabe beim Aufbau des Selbstwertgefühls der Kinder zu. Das weißt du ja bereits. Einiges wird von alleine stattfinden, da das Kind von dir und deinem Selbstbewusstsein lernt. Zum Zweiten, seid ihr Eltern die ersten, die dem Kind vermitteln können, dass es ein wertvoller Mensch ist, der geliebt wird. Ihr könnt dem Kind vorleben und ihm auch zeigen was es heisst, sich und seine eigenen Bedürfnisse wahrzunehmen sich anzunehmen, wie man ist und sich selber zu lieben. Diese frühe Wertschätzung und soziale Akzeptanz stärkt das Kind und verleiht ihm Sicherheit.

Was heisst als Eltern seine Bedürfnisse wahrzunehmen. So lange die Kinder noch sehr klein sind, werden die elterlichen Bedürfnisse automatisch auf die Kinder ausgerichtet. Sobald die Kinder etwas älter sind, darf und soll man einen Teil seines Lebens wieder in Angriff nehmen. Die Kinder dürfen mitbekommen, dass auch Mama und Papa eigene Hobbys und Interessen haben und diese auch im Masse ausüben. Es darf und muss Momente geben, die nur den Eltern gehören. Jedem Einzeln; aber auch Momente als Paar.

Dies kann dem Kind liebevoll vermittelt werden. Die Kinder werden es verstehen, denn Kinder wünschen sich authentische und starke Eltern, die sich lieben und es auch zeigen. So wird den Kindern automatisch vermittelt, dass auch die Eltern ein eigenes Leben mit eigenen Bedürfnissen haben. Sie haben Einblick in das Leben der Familie, in der alle Mitglieder verschieden sind, verschiedene Wünsche haben und sich um sich selber und die anderen kümmern.

UND WENN IHR EUCH
NUR SELBST VERTRAUT
VERTRAUEN EUCH
DIE ANDEREN SEELEN

(JOHANN WOLFGANG VON GOETHE)

MAN KANN NIEMANDEN ÜBERHOLEN
WENN MAN IN DESSEN FUßSTAPFEN TRITT

(FRANCOIS TRUFFAUT)

WIE KANNST DU ALS MAMA / PAPA DEIN KIND NOCH MEHR STÄRKEN?

Pflege grundsätzlich einen respektvollen Umgang mit deinem Kind. Verspotte es nicht und stelle es nicht bloss. Das schadet nicht nur dem Selbstwertgefühl des Kindes, sondern schlussendlich auch deinem.

SPIEGEL-SPIEL

Ganz anders als wir Erwachsenen, kennt sich ein Kind noch nicht so gut. Es hat das Bewusstsein um seine Person erst seit wenigen Jahren, respektive baut dieses erst gerade auf. Bei diesem Spiel geht es also darum, dass sich das Kind besser kennen lernen kann. Es geht darum, dass es eine positive Einstellung und ein gesundes Selbstvertrauen entwickelt. Es lernt, sich selber wertzuschätzen, Vertrauen in die eigenen Fähigkeiten zu haben. Wann immer ihr gemeinsam den Moment erlebt, dass sich das Kind im Spiegel sieht/betrachtet, nutze die Gunst der Stunde. Natürlich kannst du diesen Moment ganz bewusst herbeiführen oder das Kind gar auffordern, mit dir dieses „Spiel" zu spielen.

Wann immer du also dein Kind im Spiegel siehst, kannst du Dinge sagen wie:

- Schau dich mal an: Du siehst so schön aus!
- Wow (Name), du bist ein tolles Kind!
- Du hast die schönen Haare von Papa und die lieben leuchtenden Augen von Mama, (Name)!
- Weißt du eigentlich, (Name), dass ich dich über alles in der Welt liebe?
- (Name) sieh mal wie schön deine Haare glänzen!
- Du schaust so lieb, (Name) schau selbst!

Natürlich kannst und sollst du Sätze dieser Art jederzeit – auch ohne Spiegel – mitteilen. Mit dem Spiegel wird das Ganze noch viel intensiver. Und nenn dazu immer den Namen des Kindes. Das Kind verbindet diese schönen gemeinsamen Momente, wo es sich bestätigt akzeptiert, angenommen und geliebt fühlt, mit dem Anblick seines Spiegelbildes.

Stell dir vor, wie es wäre, wenn dir dieses wundervolle Gefühl automatisch im Unterbewusstsein auftaucht, wann immer du dich im Spiegel betrachtest! Sei dir bewusst, was für ein kraftvolles Werkzeug du damit für dein Kind erschaffst.

BEOBACHTE DEIN KIND

Wenn du Dein Kind beobachtest, erhältst du sehr viele wertvolle Informationen. Wenn du weißt, was dein Kind spielt, in welchem Spiel es aufgeht, siehst du seine Neigungen.

Nimmt ein Junge oder ein Mädchen immer alle Autos auseinander, erkundet sie und setzt sie dann wieder zusammen, so ist hat er/sie eine Neigung für Technik.

Wenn das Kind z.B. mit Tieren spielt und sie dabei oft verarztet, hat es eine Neigung zu Tieren und zum Helfen. Was und wie es dann etwas daraus macht, vielleicht später mal ein Beruf oder ein Hobby, das ist dann ein anderes Thema.

Kleinere Kinder verarbeiten auch oft Probleme, die sie im Alltag erleben, im Spiel. So kannst du leicht herausfinden, was sie gerade beschäftigt und du kannst auch spielerisch das Thema mit ihnen anschauen.

Des weiteren, wenn du dein Kind beobachtest, nimmst du wahr, wie es ihm geht. Die Körpersprache zeigt seine Sicherheit und sein Befinden. Die ganze Haltung gibt Aufschluss darüber, wie neugierig es ist. Wie erwartungsvoll es Kontakt mit der Umgebung aufnimmt. Mit dem Blick zum Boden ist die Neugierde logischerweise nicht besonders gross. Versucht dein Kind sich ständig kleiner zu machen? Lässt es die Schultern hängen? Was macht der Kopf? Notiere dir deine Beobachtungen.

Beobachte dein Kind nach einer gewissen Zeit, in welcher du mit deinem Kind und diesem Buch arbeitest, wieder und schau, ob sich Veränderungen eingestellt haben. Vergleiche deine ersten Notizen / Beobachtungen und ergänze sie.

Der Mensch vergisst sehr schnell und darum ist es so wichtig, vor Beginn der Übungen seine Wahrnehmungen aufzuschreiben, um schlussendlich die Veränderungen zu sehen. Tu dir einen Dienst: Notiere dir immer wieder Stichworte zu deinen Beobachtungen.

GEFÜHLE

Für Kinder ist es, je nach Alter, manchmal schwierig, Gefühle einzuordnen. Sprich mit deinem Kind über Gefühle. Was für Gefühle gibt es? Welche sind angenehm, welche sind unangenehm? Wie kann man Emotionen wahrnehmen und erkennen? Und ganz wichtig, mach deinem Kind klar, dass es alle Gefühle haben darf. Dass auch Wut und Aggression normale Gefühle sind. Sag ihm, dass jeder Mensch unangenehme Gefühle hat, dass Erwachsene sie aber oft nicht zulassen. Erkläre ihm, dass solche unterdrückten Emotionen nicht gut sind. Denn die Gefühle sind noch da, aber wie weggedrückt. Wenn dann über die Jahre viele solche Gefühle zusammenkommen, kann der Mensch krank werden.

Es ist, wie wenn man den Dreck statt aufzuwischen oder aufzusaugen unter den Teppich kehrt. Man sieht ihn einige Zeit nicht mehr. Dann aber, wenn er lange liegt oder es viel Dreck wird, fängt es an zu stinken oder schlimmeres. So ähnlich passiert es mit unterdrückten Gefühlen. Sie sind da und schwelen vor sich hin, werden aber nicht mehr aktiv gefühlt. Helfen wir den Kindern, dass sie ihre Gefühle leben können. Natürlich heisst das nicht, dass wir, wenn wir zornig sind oder aggressiv, Dinge zerstören oder zuschlagen sollen.

Das ist eine schlechte Form mit Emotionen umzugehen. Allerdings darf und muss man die Wut und die Aggression in diesem Moment wahrnehmen, denn gerade dann sind sie berechtigt.

Bei kleineren Kindern ist das aggressive Verhalten oft wie ein Aufschrei um wahrgenommen zu werden. Die Frage ist, wie reagiert das Umfeld darauf? Kann es damit umgehen und mit dem Kind über seine Bedürfnisse reden, statt zu schimpfen oder es ruhig zu stellen?

Hier kannst du mithelfen indem du dir Zeit für dein Kind nimmst und mit ihm die Situation durchgehst. Nimm es wahr und höre ihm zu. Du kannst mit ihm wie folgt reden:

- Du bist jetzt traurig, weil...
- Ich verstehe, dass du ärgerlich bist, denn...
- Ich sehe, du freust dich von ganzem Herzen, weil..
- Du bist wütend. Wäre ich vermutlich auch, da...
- Ich sehe, dass du Angst hast, weil...

Bei den guten Emotionen ist es einfach, die kann man benennen und anerkennen. Bei den unangenehmen Gefühlen braucht das Kind deine Unterstützung. Wenn du hilfst, seine Gefühle zu benennen, kann das Kind die Gefühle, die es deutlich spürt, besser wahrnehmen, verstehen und sich ausdrücken.
Und auch wenn das Kind wütend oder aggressiv ist, bejahe sein Gefühl.
Auch hier braucht es deine Hilfe. Rede mit dem Kind, sei konsequent, bleibe ruhig. Je ruhiger du bist, desto schneller kann sich auch dein Kind beruhigen. Bestrafungen oder Drohungen sind hier fehl am Platz. Macht euch, nachdem du die Emotion deines Kindes bejaht hast, gemeinsam auf den Grund der Sache:

- Bist du böse, weil du die Süssigkeit nicht bekommen hast?
- Bist du wütend, weil wir jetzt keine Zeit mehr zum Spielen haben?
- Bist du wütend, weil du jetzt Zähneputzen musst, statt weiter zu spielen?

Indem wir uns dem Kind und seinen Gefühlen widmen, wird es sich beruhigen. Wenn der Wutanfall eskaliert, ist es wichtig, mit dem Kind später darüber zu reden. Ihm zu sagen, dass seine Handlungsweise nicht tolerierbar war. Am Besten spricht man mit ihm in einer ruhigen Minute, nimmt das Kind in den Arm und lässt die ganze Szene nochmals Revue passieren. Mit dem in den Arm nehmen, signalisiert man dem Kind, dass man es lieb hat. Für das Kind ist diese Geste sehr wichtig, denn es kann noch nicht unterscheiden, ob die Eltern von seinem Verhalten enttäuscht sind oder von ihm als Person. Dann kann man dem Kind klarmachen, dass man wütend sein darf, diese Wut aber mit Worten ausgedrückt werden und nicht mit Gewalt oder Geschrei. So lernt das Kind den Umgang mit Emotionen und auch, sich an Gesellschaftliche Regeln zu halten.

ELTERN UND AGGRESSIVITÄT

Auch hier nimmt sich das Kind die eigenen Eltern als erstes Beispiel. In der heutigen Gesellschaft hat Aggressivität keinen Platz, obwohl sie zu den normalsten Gefühlen des Menschen gehören.
Aggressives Verhalten gilt als gestörtes Verhalten oder

wird von klein auf unterdrückt und verurteilt.

In der Erziehung mit Kindern wird oft eine subtile Aggressivität gelebt. Es passt nicht in das Gesellschaftsbild, wenn jemand seiner Wut freien Lauf lässt.

Das Problem hierbei ist, dass diese unterdrückten Gefühle trotzdem da sind. Deshalb ist es wichtig, dass Du als Eltern authentisch bist und dazu gehört auch Gefühle zu zeigen. Alle Gefühle! Ein Kind spürt ganz genau, wenn die Emotionen der Mama schwelen, sie sich aber zusammen nimmt und ihre Wut in nette Worte packt. Dies ist wie eine (indirekte) Unwahrheit.

Da stimmt dann nichts mehr: Mama ist nicht authentisch und das Kind verunsichert über das, was es wahrnimmt und über das, was tatsächlich gezeigt wird.

Das Kind lernt so nicht, dass aggressive Gefühle zum Mensch-Sein gehören und v.a. auch nicht, wie es damit umgehen soll.

Wer daheim nie streitet, keine Streitkultur kennen gelernt hat, wird im Erwachsenen-Alter nicht wissen, wie damit umzugehen ist. Die „Heile Welt" gibt es nicht. Wer diese Gefühle nicht kennenlernt wird unter Umständen einmal damit auf eine Weise konfrontiert, die sehr unangenehm ist. Vielleicht zeigt der Heranwachsende Teenager extrem aggressive Züge, weil daheim die heile Welt vorgespielt wurde. Oder Menschen ticken aus, sobald sie durch Alkoholgenuss Barrieren und Hemmschwellen verlieren.

Die Gefühle brechen aus und der Mensch weiss gar nicht, wie er damit umgehen muss. Tun wir unseren

Kindern den Gefallen, seien wir ehrliche Eltern.

Ein Wutausbruch bei den Eltern ist nichts Schlimmes. Wichtig ist aber, dass das Kind die Schuld nicht bei sich sucht bzw. die Eltern dem Kind dafür nicht die Schuld geben. Hier ist die Eigenverantwortung der Eltern gefragt. Erkläre nach dem Ausbruch dem Kind was passiert ist und weshalb du so reagiert hast. Reflektiere dich selber. Je nach Situation kannst du dem Kind und dir selber Wege aufzeigen, wie es nächstes mal besser wäre, mit solch einer Situation umzugehen. Ehrlichkeit ist hier ganz wichtig.

Kinder, die lernen, dass alle Gefühle zum Leben gehören, gewinnen auch in diesem Bereich an Selbstsicherheit und Selbstvertrauen. Sie kennen solche Situationen, sie lernen wie sie sich verhalten können. Gut wäre, wenn die Gesellschaft, Aggressivität als etwas normales ansehen würde. Denn negative Gefühle gehören dazu und können gefährlich werden, wenn sie nicht wahrgenommen, reflektiert und gelebt werden.

Wohlverstanden: Wir schreiben hier von der Aggressivität als Urgefühl und nicht vom gewalttätigen, vernichtenden Ausleben dessen.

Kinder lernen das Zusammenleben in der Gesellschaft. Sie lernen, wo die Grenzen bei sich und bei den anderen sind.
Wenn der Vater wütend wird, wissen sie beim nächsten Mal ganz genau, wo seine Grenzen sind. Sie lernen authentisch zu sein und auf sich selber zu hören. Denn

das wurde ihnen so vorgelebt und ist in ihre eigenen Erfahrungen übergegangen.

LERNE ZU WERDEN, DER DU BIST

(PINDAR)

SELBSTVERTRAUEN DURCH SINNESERFAHRUNGEN

Körperliche und seelische Gesundheit erfordert hautnahe Zuwendung, Geborgenheit, Zuneigung, Vertrauen in sich selbst.

Wenn du deinem Kind, diese Sinneserfahrungen ermöglichst, wird es Sicherheit gewinnen. Es fühlt sich geliebt und angenommen.
Nimm dein Kind öfters ganz bewusst in die Arme. Sei stolz auf dein Kind und vertraue ihm. Jedes Kind kuschelt gerne, nimm dir Zeit dafür. Am besten vor dem Schlafen gehen, wenn dir das passt. Es kann dir erzählen, was ihm auf dem Herzen liegt. Vielleicht liest du ihm auch etwas vor oder ihr singt zusammen.

Auch tagsüber kann man das Kind in den Arm nehmen oder ihm den Arm oder den Rücken streicheln. Lass es auf deinem Schoss sitzen, gib ihm die Liebe, die es braucht. Mit Liebe wächst dein Kind zu einem grossartigen Menschen heran.

Glaube an dein Kind und sag ihm wie stolz du auf es bist.

AUFGABE

Gib deinem Kind die Aufgabe von sich selber eine Zeichnung zu machen. Es soll sich zeichnen, wie es sich am tollsten findet. Eine Zeichnung von seinem ICH, das glücklich und zufrieden, stark und mutig ist. Hänge diese Zeichnung in seinem Zimmer oder in der Wohnung auf, damit es sich immer wieder glücklich, stark, mutig und zufrieden sieht.

Zum Einen sieht es seine Zeichnung, die es mit den positiven, starken Attributen in Verbindung bringt und zum Anderen fühlt es sich ernst genommen, weil du die Zeichnung aufgehängt hast.

Sein Unterbewusstsein arbeitet beim Anblick der Zeichnung gleich doppelt positiv!

ÜBUNG AB 9 JAHREN

– Fähigkeiten erkennen

Zeichne mit deinem Kind.

Es soll auf einem Blatt Papier in der Mitte einen Kreis zeichnen und dann das Wort ICH hineinsetzen.

Nun kann es aussen herum Fähigkeiten aufschreiben, die ihm in den Sinn kommen, die zu ihm passen. Vielleicht musst du ein paar Hilfestellungen geben indem du ihm mögliche Fähigkeiten aufsagst. Dann lass das Kind vom Wort zum Kreis Pfeile malen. Je näher eine Fähigkeit beim Ich steht, desto ausgeprägter ist sie beim Kind.

Diese Übung hast du für dich auch schon gemacht.

Dann kannst du dein Kind beschreiben und ihr könnt deine Beschreibungen mit dem Blatt des Kindes vergleichen. Vielleicht mag es auch noch etwas ergänzen. So lernt das Kind seine Fähigkeiten kennen und einschätzen.

Zudem ist es eine tolle Übung um sich bewusst zu werden, was man alles ist und was man alles kann. Ein weiterer Pluspunkt ist, wenn ihr diese Übung gemeinsam macht, lernt ihr euch beide besser kennen, ihr habt Zeit füreinander und du nimmst es ernst.

Das alles ist sehr wohltuend.

SELBSTBEWUSSTES
GUTE - NACHT - SPIEL

Es ist schön, wenn du deinem Kind eine Gute-Nacht-Ge-schichte erzählst. Mach es aber zwischendurch anders. Ihr könnt zusammen ein Aufzählspiel machen, dass sich „was ich alles gut an dir finde" nennt.

Wechselt ab, einmal sagst du etwas und einmal das Kind. Wer möchte nicht mit Komplimenten einschla-fen? Das Kind fühlt sich stolz und glücklich und auch dir Mama oder Papa tun die lieben Worte deines Kin-des gut.

Das Tolle daran ist, dass es einfach ist, wenig Aufwand macht und doch sehr effektiv ist. Da du es vor dem Schlafengehen machst, arbeitet dann das Unterbe-wusstsein ganz nebenbei am Gehörten weiter.

Das wird bestimmt eine tolle und aufbauende Nacht für deinen kleinen Schatz und für dich.

Hinweis

Ein passender Moment für Meditation 2
(Meditation 2 für Kinder, Zusatzmaterial)

WER SICH SELBST ALLES ZUTRAUT
WIRD ANDERE ÜBERTREFFEN

(CHIN. WEISHEIT)

HERZLICHE GRATULATION

Wir freuen uns, dass du dieses Buch gelesen und hoffentlich auch bearbeitet hast. Was hat sich verändert? Du kannst nochmals die anfänglichen Listen und Zielformulierungen zur Hand nehmen. Schau dir an, was du am Anfang geschrieben hast. Konntest du verändern, was du dir vorgenommen hast? Wie fühlst du dich jetzt? Hat sich auch bei deinem Kind etwas verändert? Hat sich generell etwas verbessert oder ist etwas in Bewegung gekommen?

Um vertieft in die Thematik einsteigen zu können, gibt es ergänzend zu diesem Buch noch diverse „Ich bin toll – Du bist toll" Zusatzunterlagen. Meditations-CD, Kartenset, Arbeitsbuch usw. Siehe Seite 184.

Wir gratulieren dir, du bist weit gekommen.
Wir wünschen dir ein freudvolles, selbstbewusstes, vertrauensvolles und tolles Weiterentwicklen!

Herzlichst deine Fabienne & Karin

WORTSPIELEREIEN

Es wird oft von Selbstbewusstsein, Selbstliebe, Selbstvertrauen, Selbstwert, Selbstsicherheit, Selbstgewissheit usw. gesprochen. Was ist der Unterschied und was sollte beachtet werden? Oft werden die Worte als Synonyme verwendet, was aber nicht unbedingt der Richtigkeit entspricht.

Selbstvertrauen:
Duden: Jemandes Vertrauen in die eigenen Kräfte, Fähigkeiten.

Das Vertrauen in sich, in seine Kraft, sein Wissen, das Vertrauen so genau richtig zu sein, wie man ist.

Selbstbewusstsein: (Selbstgewissheit)
Duden: das Überzeugtsein von seinen Fähigkeiten, von seinem Wert als Person, das sich besonders in selbstsicherem Auftreten ausdrückt.

Sich selber bewusst sein, seine Fähigkeiten kennen, seine Person kennen und sich so annehmen wie man ist.

Selbstliebe:
Im Duden und anderen Wortbüchern wird Selbstliebe oft als Egoismus, Eigenliebe, Selbstsucht definiert. Die Selbstliebe hat jedoch nichts mit Egoismus zu tun. Eine gesunde Selbstliebe ist das Fundament für ein frohes und gesundes Leben.

Selbstwert:
Duden: Gefühl für den eigenen Wert.
Selbstwert beinhaltet eine Wertung, wer aber hat das
Recht zu werten? Menschen geben oft ihren Mitmen-
schen einen höheren Wert als sich selbst. Doch wer
sagt, dass jemand mehr oder weniger Wert ist. Mindestens sollte der Selbstwert so hoch sein, wie der,
den man jemand anderem gibt. Gleich-wertig!

Selbstsicherheit:
Duden: in jemandes Selbstbewusstsein begründete
Sicherheit im Auftreten

Sich auf sich selber verlassen können, zu wissen was
man kann, sich selber Vertrauen äussert sich in einem
selbstsicheren Auftreten.

WEITERE ZITATE

Nichts macht uns feiger und gewissenloser als der Wunsch, von allen Menschen geliebt zu werden.

(Marie von Ebner-Eschenbach)

Nur wenn wir versuchen, jemand anderen zu beherrschen und Kontrolle über ihn auszuüben, sind wir egoistisch. Aber die Welt will uns weismachen, dass es egoistisch ist, seinen eigenen Wünschen zu folgen.

(Edward Bach)

Beklage dich nicht über die Dunkelheit. Zünde eine Kerze an.

(Konfuzius)

Wir können nicht zu neuen Ufern aufbrechen, wenn wir nicht bereit sind, das alte aus den Augen zu verlieren.

(Seneca)

Denke immer daran, dass deine eigene Entschlossenheit, erfolgreich zu sein, wichtiger ist als alles andere.

(Abraham Lincoln)

Ich weiss nicht, ob es besser wird, wenn es anders wird. Aber es muss anders werden, wenn es besser werden soll.

(Georg Ch. Lichtenberg)

Wer nicht auf seine Weise denkt, denkt überhaupt nicht.

(Oscar Wilde)

Wer kämpft, kann verlieren. Wer nicht kämpft, hat schon verloren.

(Bertolt Brecht)

Im Hafen ist ein Schiff sicher, aber dafür ist es nicht gebaut.

(Seneca)

Glaubt denen, die nach der Wahrheit suchen, und zweifelt an denen, die sie finden; zieht alles in Zweifel, nur nicht euch selbst.

(André Gide)

Wer von Bedeutung ist, dem macht es nichts aus. Wem es etwas ausmacht, der ist nicht von Bedeutung.

(Bernard Baruch)

Lerne zu werden, der Du bist!

(Pindar)

Trau lieber deiner Kraft als deinem Glück.

(Marcus Tullius Cicero)

Nichts reduziert Ängste so gewaltig wie sofortige Aktion.

(Walter Anderson)

Wer gewinnen kann, ist Sieger über andere. Wer verlieren kann, ist Sieger über sich selbst.

(Rainer Haak)

Die Menschen gehen lieber zugrunde, als dass sie ihre Gewohnheiten ändern.

(Leo Tolstoi)

Selbsterkenntnis ist der Anfang von Weisheit, die das Ende der Angst bedeutet.

(Krishnamurti)

Nachahmung fremder Eigenschaften und Eigentümlichkeiten ist viel schimpflicher als das Tragen fremder Kleider; denn es ist das Urteil der eigenen Wertlosigkeit von sich selbst ausgesprochen.

(Arthur Schopenhauer)

Es ist nicht Deine Aufgabe, mich zu lieben –
es ist meine.

(Byron Katie)

Es ist nicht das Schlimmste für einen Menschen festzustellen, dass er gelebt hat und jetzt sterben muss; das Schlimmste ist festzustellen, dass er nicht gelebt hat und jetzt sterben muss.

(Cicely Saunders)

Selbstbewusste verwandeln Probleme in Gelegenheiten, Unsichere machen es unbewusst umgekehrt.

(Ernst Ferstl)

WEITERFÜHRENDE LITERATUR
LITERATURHINWEISE

Adler Alfred, (Begründer der Individualpsychologie), Menschenkenntnis, Praxis und Theorie der Individualpsychologie

Carnegie Dale, (Kommunikationstrainer), Wie man Freunde gewinnt

Cohn Ruth, Terfurth Christina, (Psychologin, Begründerin TZI), Lebendiges Lehren und Lernen

Dreikurs Rudolf, (Psychiater, Erziehungsberater), Wie Eltern besser werden

Hessel Greta, (Phil. M.A. Therapeutin), Die Neuen Kinder

Juul Jesper, (Familientherapeut), 4 Werte die Kinder ein Leben lang tragen, Grenzen, Nähe, Respekt, Leitwölfe sein - liebevolle Führung in der Familie

Kohn Alfie, (Autor zu Familien / Erziehungsthemen) Liebe und Eigenständigkeit

Montessori Maria, (Ärztin, Philosophin), Kinder sind anders, ...dass wir unser Bestes geben, Lieben, ermutigen, loslassen

Omer Haim, von Schlippe Arist, (Psychologe und Autor), Stärke statt Macht - neue Autorität in Familie, Schule und Gemeinde

Pestalozzi Johann H., (Pädagoge), Wie Gertrud ihre Kinder lehrt

Rogers Carl, (Psychologe, Psychotherapeut), Von Mensch zu Mensch

Schilter Marie Theres, (Psychologische Kurse), Lebensarena Peta

Schulte-Markwort Michael, (Kinder- und Jugenpsychiater), Burn out Kind

Steiner Rudolf, (Philosoph, Begründer der Anthroposophie), Die Erziehung des Kindes

Thapar Mini, Siingh Neesha, (Yoga Lehrerin), Guten Morgen, liebe Sonne

Dr. Med. Winterhoff Michael, (Kinder- und Jugendpsychiater), SOS Kinderseele, Lasst Kinder wieder Kinder sein

DIE „ICH BIN TOLL" - REIHE

Ergänzend zum Buch gibt es diverse „Ich bin toll - du bist toll" Zusatzunterlagen um sein Selbstbewusstsein und das Selbstbewusstsein seines Kindes zu steigern.

Sie ergänzen sich, bauen aufeinander auf und sind optimal aufeinander abgestimmt.

Das Buch „Ich bin toll, du bist toll" bietet die Basis, das Selbstbewusstsein von Erwachsenen und ihren Kindern zu stärken.

Dieses Buch ist zudem als Hörbuch erhältlich.

Das Bilderbuch „Ich bin toll" ist nicht nur für die Kinder gedacht :) und zeigt dem Kind auf, dass es geliebt wird, ohne etwas dafür tun zu müssen.

Darauf aufbauend gibt es das „Ich bin toll, du bist toll" - Workbook.
In diesem Arbeitsbuch geht es um die praktische Umsetzung und Anwendung aller Theorie.

Das Kartenset **Ich bin toll**
ist für Erwachsene.
Tag für Tag kann eine
Karte gezogen werden.
Diese begleitet dann
durch den Tag.

Das Kartenset **Du bist toll**
ist für die Kinder.
Tag für Tag kann eine
Karte gezogen werden.
Diese begleitet das Kind
dann durch den Tag.

Meditationen, Phantasie-
reisen für Erwachsene &
Kinder runden das Wissen
aus dem Buch ab.
Für jene, die *noch tiefer*
gehen und *noch mehr
verbessern* möchten.

Die App der „Ich bin toll -
Du bist toll" - Reihe ist das
Kartenset in moderniesier-
ter Form ergänzt mit vielen
Zitaten. Täglich erschei-
nen Affirmationen in Form
einer Push up Nachricht.

⌣

Oh, falls wir es dir noch nicht gesagt haben:

Du bist toll!